本书为宁夏学校思想政治工作质量提升项目——2020 年全区大中小学思政课程精品项目"初中道德与法治课有效配置学科法治资源的实践研究"（项目编号NXSZ20202004）第一资助项目；2021年银川市大中小幼思政一体化建设专项课题"思政教师队伍校本研究"（课题编号：YCSZ—2021—16）阶段性成果。

名师系列

中学思政课教师课题研究实践与探索

ZHONGXUE SIZHENGKE JIAOSHI KETI
YANJIU SHIJIAN YU TANSUO

蒋福军　武君珍　著

黄河出版传媒集团
阳光出版社

图书在版编目（CIP）数据

中学思政课教师课题研究实践与探索 / 蒋福军，武君珍著. -- 银川：阳光出版社，2022.11
ISBN 978-7-5525-6655-0

Ⅰ.①中… Ⅱ.①蒋… ②武… Ⅲ.①政治课 - 教学研究 - 中学 Ⅳ.①G633.202

中国版本图书馆CIP数据核字（2022）第258120号

中学思政课教师课题研究实践与探索　　　　　蒋福军　武君珍　著

名师系列策划　赵维娟　申　佳
责 任 编 辑　赵维娟
封 面 设 计　石　磊
责 任 印 制　岳建宁

黄河出版传媒集团
阳 光 出 版 社　出版发行

出 版 人　薛文斌
地　　址　宁夏银川市北京东路139号出版大厦（750001）
网　　址　http：//www.ygchbs.com
网上书店　http：//shop129132959.taobao.com
电子信箱　yangguangchubanshe@163.com
邮购电话　0951-5014139
经　　销　全国新华书店
印刷装订　三河市嵩川印刷有限公司
印刷委托书号　（宁）0025825

开　　本　787 mm×1092 mm　1/16
印　　张　10.25
字　　数　150千字
版　　次　2022年11月第1版
印　　次　2023年3月第1次印刷
书　　号　ISBN 978-7-5525-6655-0
定　　价　42.00元

前　言

　　曾有一名思政课教师说："当老师的黄金时间是25岁到35岁。这个时间是我们一生中教育教学热情最高涨、精力最旺盛、思维最活跃的时候，因为年轻受学生喜欢，更容易和学生打成一片。而35岁以后由于家庭的负担、岁月的洗礼、棱角的打磨，就慢慢地倦怠了。"这位教师的话让我很震惊，尤其是从仅有40岁的教师的口中说出"倦怠"这两个字的时候。

　　倦怠，我的理解是：疲劳、厌倦和懈怠。就疲劳而言，是可以理解的。教师，特别是班主任教师，起早贪黑，为了教育教学事业奔波操劳，耗时耗精力，没有8小时内外之分，身体的确很累。如果再遇上一些突发状况以及育人的压力等，心也就不免跟着受累。而厌倦，则是教育信仰开始动摇，甚至不再热衷于教育事业，见到学生心烦，这通常是教师产生的一种挫折心理。懈怠就更严重了，不愿意钻研教育教学，工作拖拉，得过且过，发展到在课堂上做一天和尚撞一天钟，照本宣科、应付差事，最终的结果是误人子弟，这是最不能原谅的。

　　这其实从一个侧面也反映了当前学校思想政治教育工作和思政课教育教学中存在的突出问题——一些思政课教师思想僵化，缺乏改革创新的意识，只是将自己的教育工作当作谋生的手段，从而导致课越上越乏味，教师也变得缺乏应有的生机和活力，出现教育生涯盛年早衰的瓶颈。习近平总书记指出，改革创新是时代精神，青少年是最活跃的群体，思政课建设要向改革创新要活力。如果做一天和尚撞一天钟，照本宣科、应付差事，那"到课率""抬头率"势必大打折扣。造成这种问题的根本原因归根到底在于很多思政课教师教育科研能力意识还比较淡薄，对于教育科研没有头绪、没有方向。因此，思政课教师的教育科研能力亟待提升。

著名教育家苏霍姆林斯基说："如果你想让教师的劳动能够给教师带来乐趣，使天天上课不至于变成一种单调乏味的义务，那你就应当引导每一位教师走上从事研究这条幸福的道路上来。"的确，如果一位思政课教师只是忙忙碌碌地教书，而不从事教育教学的研究，那么他的教育生涯将会留下无限的遗憾。思政课教师的课题研究是教师教育教学研究的重要内容，也是教育科研的重要组成部分，是推动思政课改革创新的有效途径，更是思政课教师应有的情怀。

作为初中思政课（道德与法治）教学一线教师，笔者从2004年开始课题研究，曾主持自治区骨干教师专项课题"宁南川区农村中学学困生诊断及对策研究"（该课题在宁夏第十一届基础教育科研成果评奖中荣获中卫市优秀课题一等奖）、"初中思想品德课教学设计中关注学生的有效方法研究"（该课题在宁夏第三届基础教育科研课题结题评选中获自治区一等奖）、"初中廉洁教育课堂教学资源的有效开发与利用研究"（该课题在宁夏第四届基础教育科研课题结题评选中获自治区一等奖）、"初中道德与法治课堂以学生为中心的教学策略研究"（该课题在宁夏第五届基础教育科研课题结题评选中获自治区一等奖）；作为核心成员参与国家级重点课题"中小学生学科学业评价标准的研究与开发"、自治区级教研课题"新课程改革背景下中学生小组合作学习实效性研究"、国家社会科学基金特别委托课题"中学生时事教育教学研究"之子课题"当前中学时事教育教学现状调查与分析"、全国教育科学规划单位资助教育部规划课题"教育部统编《道德与法治》课程教学关键问题实践研究"，以及银川市教育科学"十三五"规划课题"推进课堂变革背景下初中道德与法治教学小组合作学习时效性研究"和"初中道德与法治课堂教学中时事资源的开发和利用策略"，均结题；现主持银川市大中小幼思政一体化建设专项课题"思政教师队伍校本研究"。在课题研究的过程中，笔者深切地感受到，教育科研是提高教师能力、完善教师素质的最有效途径和最根本手段。实践证明，在思政教育和思政课教学中深入扎实地开展以课题为抓手的教育科研活动，既有利于教师对教育教学实际问题的研究解决和对教学实践的不断创新，也有利于促进思政课教师边研究边实践、边实践边提高，从而提高能力、提升素质。

为此，笔者结合自己多年课题研究实践，将研究心得和研究的部分成果记录下来，从思政课教师课题研究的重要性、思政课教师课题研究典型案例分析、思政课教师课题研究精品课例选编三个部分重点探索思政课教师课题研究方法和过程，以期能对中学思政课教师的"倦怠"心理有所启发，能使中学思政课教师教育科研有所借鉴，能对推动思政课改革创新有所贡献。

当然，由于笔者水平有限，研究中还存在整体性不强、逻辑构建不严密、语言表达不严谨、对策思路不成熟等诸多问题，且时间仓促，谬误在所难免，敬请同行专家和读者批评指正。

目　录

第一章　中学思政课教师课题研究的重要性 / 001

一、新时代教育事业发展对思政课及学生发展的要求 / 001

二、新时代教育事业发展对思政课教师的要求 / 003

三、思政课教师课题研究的重点建议——向思政课改革创新要活力 / 005

第二章　中学思政课教师课题研究典型案例分析 / 009

一、课题提出的背景、选题的目的和意义 / 010

二、课题研究的内容和方法 / 012

三、课题研究的目标 / 013

四、本课题国内外研究现状 / 013

五、课题核心概念的界定 / 015

六、课题研究的过程 / 016

七、技术路线 / 023

八、课题研究的结果及成效 / 024

九、存在的问题和今后的设想 / 078

第三章　中学思政课教师课题研究精品课例选编 / 080

《知法于心　守法于行》教学课例 / 080

《依法履行义务》教学课例 / 094

《让家更美好》教学课例 / 104

《遵守规则》教学课例 / 116

《回望成长》教学课例 / 135

第一章　中学思政课教师课题研究的重要性

一、新时代教育事业发展对思政课及学生发展的要求

教育是民族振兴、社会进步的重要基石。培养什么样的人才，是教育的首要问题。每个国家都是按照自己的政治要求来培养人的。我国是中国共产党领导的社会主义国家，我们党立志于中华民族千秋伟业，我们的教育是社会主义教育，必须全面贯彻党的教育方针，落实立德树人根本任务，培养一代又一代拥护中国共产党领导、社会主义制度，立志为中国特色社会主义事业奋斗终身的有用人才。

2019年3月18日，习近平总书记在学校思想政治理论课教师座谈会上的重要讲话中，站在"青少年是祖国的未来、民族的希望"的高度，强调青少年阶段是人生的"拔节孕穗期"，最需要精心引导和栽培，最重要的是教给他们正确的思想，引导他们走正路。这就对办好思政课提出明确要求：开展马克思主义理论教育，用习近平新时代中国特色社会主义思想铸魂育人，引导学生坚定"四个自信"，厚植爱国主义情怀，把爱国情、强国志、报国行自觉融入坚持和发展中国特色社会主义、建设社会主义现代化强国、实现中华民族伟大复兴的奋斗之中。这是我们党历史经验的总结，是现实的迫切要求，是赢得未来的战略任务。

从历史责任来看，习近平总书记强调，当前形势下，办好思政课，要放在世界百年未有之大变局、党和国家事业发展全局中来看待，要从坚持和发展中国特色社会主义、建设社会主义现代化强国、实现中华民族伟大复兴的高度来对待。我们正在为实现"两个一百年"奋斗目标而努力。未来30年，我们培养的人要能够完成"两个一百年"的伟业。

从现实情况来看，习近平总书记指出，随着我国日益扩大开放、日益走近世界舞台中央，我国同世界的联系更趋紧密、相互影响更趋深刻，意识形态领域面临的形势和斗争也更加复杂。学校是意识形态工作的前沿阵地，可不是一个象牙之塔，也不是一个桃花源。要成为社会主义建设者和接班人，必须树立正确的世界观、人生观、价值观，把实现个人价值同党和国家前途命运紧紧联系在一起。

从成绩问题来看，习近平总书记充分肯定成绩："这些年来思政课建设成效显著，教学方法不断创新，教师乐教善教、潜心育人，教师队伍规模和素质稳步提升，大中小学思政课一体化建设初显成效。"同时，总书记严肃列出"问题清单"：有的地方和学校对思政课重要性的认识还不够到位；课堂教学效果还需要提升，教学研究力度需要加大、思路需要拓展；教材内容还不够鲜活，针对性、可读性、实效性有待增强；教师选配和培养工作还存在短板，队伍结构还要优化，整体素质还要提升；等等。

正是基于对思政课深刻而清醒的认识，习近平总书记明确要求，"在大中小学循序渐进、螺旋上升地开设思政课非常必要，是培养一代又一代社会主义建设者和接班人的重要保障"，强调办好思政课要做到"两个解决好"。一是解决好"信心"问题，即有信心有能力把思政课办得越来越好；二是解决好根本问题，即培养什么人、怎样培养人、为谁培养人的问题。习近平总书记指出，办好思政课，最根本的是要全面贯彻党的教育方针。强调要坚持马克思主义指导地位，全面贯彻新时代中国特色社会主义思想，坚持社会主义办学方向，落实立德树人的根本任务，坚持教育为人民服务、为中国共产党治国理政服务、为巩固和发展中国特色社会主义制度服务、为改革开放和社会主义现代化建设服务，扎根中国大地办教育，同生产劳动和社会实践相结合，加快推进教育现代化、建设教育强国、办好人民满意的教育，努力培养担当民族复兴大任的时代新人，培养德智体美劳全面发展的社会主义建设者和接班人。

二、新时代教育事业发展对思政课教师的要求

当前，我国的教育事业步入发展的快车道，教育的发展取得历史性的成就——建成世界上规模最大的教育体系，教育普及水平实现历史性跨越。教育是国之大计、党之大计。教育大计，教师为本。教育的高质量发展，培养人的艰巨任务都对广大教师的专业能力、教学水平提出了更高要求，要求锻造出一批高素质的从事教育科研的研究型教师队伍。教育科研是教育事业发展与提高的重要途径和必要手段，在教育发展中具有引领与导向作用，是提高教育管理水平，促进教师专业发展，提高课堂教学质量的关键，也是坚持以人民为中心发展教育，加快建设高质量教育体系，发展素质教育，促进教育公平的必然要求，关乎着育人的大计。

"思政课是落实立德树人根本任务的关键课程，思政课作用不可替代，思政课教师队伍责任重大。""讲好思政课不容易，因为这个课要求高。""经师易求，人师难得。"思政课政治性、思想性、学术性、专业性熔于一炉，"术""学""道"紧密结合等特点，决定了对教师综合素质要求很高。正如习近平总书记强调的，"讲思想政治理论课，要让信仰坚定、学识渊博、理论功底深厚的教师来讲，让学生真心喜爱、终身受益"。

习近平总书记紧密结合思政课的特点，着眼思政课的目标任务，对进一

步提高思政课教师素养提出了"六个要"的要求。

一是政治要强。要让有信仰的人讲信仰。习近平总书记强调，思政课教师只有自己信仰坚定，对所讲内容高度认同，做学习和实践马克思主义的典范，才能讲得有底气，讲深讲透，才能有效引导学生真学、真懂、真信、真用；要善于从政治上看问题，自觉用新时代中国特色社会主义思想武装头脑，在大是大非面前保持政治清醒。

二是情怀要深。只有打动学生，才能引导学生。习近平总书记提出要有"三种情怀"：要有家国情怀，心里装着国家和民族，在党和人民的伟大实践中关注时代、关注社会，汲取养分、丰富思想；要有传道情怀，对马克思主义理论教育事业投入真情实感，对思政课教育教学有执着追求；要有仁爱情怀，把对家国的爱、对教育的爱、对学生的爱融为一体，心中始终装着学生，让思政课成为一门有温度的课。

三是思维要新。思政课教学是一项非常有创造性的工作。习近平总书记要求，要学会辩证唯物主义和历史唯物主义，善于运用创新思维、辩证思维，善于运用矛盾分析方法抓住关键、找准重点、阐明规律，创新课堂教学，给学生深刻的学习体验。最终都要落到引导学生树立正确的理想信念、学会正确的思维方法上来。

四是视野要广。习近平总书记要求思政课教师具备"三种视野"：要有知识视野，在马克思主义理论功底的基础上广泛涉猎哲学、社会科学以及自然科学知识；要有宽广的国际视野，善于利用国内外的事实、案例、素材，在比较中回答学生的疑惑，善于在批判鉴别中明辨是非；要有历史视野，要有中华文明史、世界社会主义史、中国近现代史、党史、国史、改革开放史，有新时代中国特色社会主义取得的历史性成就、发生的历史性变革，通过生动、深入、具体的纵横比较，把道理讲明白、讲清楚。

五是自律要严。习近平总书记要求思政课教师既要遵守教学纪律，也要遵守政治纪律和政治规矩，做到课上课下一致、网上网下一致，自觉弘扬主旋律，积极传递正能量。不能在课上讲得不错，却在课下乱讲；不能在现实生活中表现不错，却在网上乱说。不能怵于思政课的意识形态属性，总是绕开问题讲、避开难点讲。

六是人格要正。思政课教师要有堂堂正正的人格，用高尚的人格感染学生、赢得学生。习近平总书记要求，思政课教师要有学识魅力，用真理的力量感召学生，以深厚的理论功底赢得学生。语言也要有魅力，从教师的话语中，学生能够感受到教师的人格和学识。要自觉修身修为，像曾子那样"吾日三省吾身"，像王阳明那样"诚意正心""知行合一"，自觉做为学为人的表率，做让学生喜爱的人。

习近平总书记对思政课教师提出的"六个要"的要求，是衡量思政课教师队伍建设的标准，是提升思政课教师素养，更好发挥其积极性、主动性、创造性，适应思政课教学要求，落实立德树人根本任务的关键。如何提升教师素养，最根本最有效的途径就是课题研究，课题研究就是抓手，就是平台，就是机遇。

三、思政课教师课题研究的重点建议——向思政课改革创新要活力

触动心灵的教育才是最成功的教育。青少年是最活跃的群体，思政课建设只有"向改革创新要活力"，才能更有亲和力和感染力、更有针对性和实效性。习近平总书记对推动思政课改革创新提出了坚持"八个相统一"的要求。

第一，坚持政治性和学理性相统一。"政治引导是思政课的基本功能。""要以透彻的学理分析回应学生，以彻底的思想理论说服学生，用真理的强大力量引导学生"；"思政课教师所讲的理论、观点、结论要经得起

学生各种'为什么'的追问";"不能用学理性弱化政治性，在大中小学的不同学段，无论是通过讲故事、讲历史还是讲理论的方式讲思政课，都要体现思政课的政治引导功能。"

第二，坚持价值性和知识性相统一。"思政课重在塑造学生的价值观，这一点必须牢牢抓住。""强调思政课的价值性，不是要忽视知识性，而是要通过满足学生对知识的渴求加强价值观教育。"要寓价值观引导于知识传授之中。要充分挖掘课程内容的思想内涵和价值导向，引导学生在学习知识中自觉提升思想境界、涵养道德品质、激励责任担当，也要重视思政课课程教学内容的知识性，展现课程内容的理论魅力，通过系统科学的知识，帮助学生建构世界观、人生观和价值观。

第三，坚持建设性和批判性相统一。"思政课的任务是传导主流意识形态"，"要在传播马克思主义立场、观点、方法的基础上用好批判的武器，旗帜鲜明地剖析和批判各种错误观点和思潮"。"要教育引导学生正确看待、辩证认识、理性分析现实问题，在对社会假恶丑现象的批判中弘扬真善美"；要坚持问题导向，把学生关注、疑惑的问题掰开、揉碎，深入研究解答；"要练就不怕问怕不问、见问则喜的真本领"。

第四，坚持理论性和实践性相统一。"思政课要用科学理论培养人，遵循不同学段学生的认知规律，把马克思主义基本原理讲清楚、讲透彻。""要把思政小课堂同社会大课堂结合起来，在理论和实践的结合中，教育引导学生把人生抱负落实到脚踏实地的实际行动中来，把学习奋斗的具体目标同民族复兴的伟大目标结合起来，立鸿鹄志，做奋斗者。"要将学生生活融入课程教学过程，在认识社会现实，分析、解决实际问题中形成正确思想观念。要善于利用并创设丰富的教育情境，引导和帮助学生通过亲历与感悟，在获得情感体验的同时，深化思想认识。要为学生提供直接参与实践的机会，引导学生学以致用，知行合一，提高在实践中践行文明道德的能力。要组织开展多样的社会实践活动，如志愿服务、社会调查、专题访谈、参观访问、现场观摩，以及各种职业体验等，引导学生通过调查、参观、访谈、项目研究、情境分析、模拟法庭等方式，主动探索社会现实与自我成长中的问题，在合作和分享中扩展自己的经验。

第五，坚持统一性和多样性相统一。"思政课的教学目标、课程设置、教材使用、教学管理等方面有统一要求，但具体落实要因地制宜、因时制宜、因材施教。"思政课教师既要把教育部统编人教版教材作为依据，确保教学的规范性、科学性、权威性，又不能简单照本宣科；要在教学过程中进行多样化探索，通过多种方式实现教学目标。

第六，坚持主导性和主体性相统一。"思政课教学离不开教师的主导，同时要坚持以学生为中心，加大对学生的认知规律和接受特点的研究。"聚焦学生思政课程核心素养的发展，结合具体的学习内容、学业要求和学业质量标准确定学年教学目标、单元教学目标和课时教学目标，运用小组研学、情景展示、课题研讨、课堂辩论等方式教学，发挥学生主体性作用。"教师要做好画龙点睛工作，加强引导和总结提炼"；"要教育引导学生多读马克思主义经典著作、当代中国马克思主义理论著作、中华优秀传统文化典籍等"；"要开出书单、指出重点，让学生正确理解经典著作"。

第七，坚持灌输性和启发性相统一。"灌输是马克思主义理论教育的基本方法"，"让学生接受马克思主义，离不开必要的灌输，但这不等于搞填鸭式的'硬灌输'。"要注重启发式教育，在不断启发中让学生水到渠成得出结论；灌输性和启发性相辅相成，缺一不可。教师要善于把握灌输、启发的方法、时机和艺术，对于不同的主题和内容，"当灌则灌""当启则启"，灵活运用不同的教学方法引导学生发现问题、分析问题、思考问题，做到"灌中有启""启中有灌"。要积极探索议题式学习，紧扣课程核心内容确定议题，围绕议题展开活动设计，形成序列化、多样化的学习活动，促进学生课程学习的进阶。教学活动方式要多样，如阅读、讨论、辩论、参观、调查、访问、游戏、角色扮演、模拟活动、两难问题辨析，以及撰写报告书、制作图表等，每一种活动都有其适用的范围和价值。教师要根据不同的教学目标、教学内容、教学对象和教学条件加以选择，最大程度地发挥每一种教学活动的效用，教师要重视体验学习、探究学习、问题解决学习、小组学习等教学活动方式合理运用。在教学实施上，教师要充分运用新媒体新技术，以更灵活、更生动的方式展开思想政治教育。"会讲故事、讲好故事十分重要，思政课就要讲好中华民族的故事、中国共产党的故事、中华人民共和国的故事、中国特色社会主义的故事、改革开放的故事，特别是讲好新时代的故事，不仅老师讲，而且要组织学生自己讲。"

第八，坚持显性教育和隐性教育相统一。"思政课要做思想政治教育的显性课程。""办中国特色社会主义教育，就是要理直气壮开好思政课。同时，要挖掘其他课程和教学方式中蕴含的思想政治教育资源，实现全员全程全方位育人。""既要有惊涛拍岸的声势，也要有润物无声的效果。"

习近平总书记提出的"八个相统一"，是一整套紧密联系、有机统一的"组合拳"，体现了知、情、意、行的统一，深化了对思政课建设规律的认识，为推进思政课改革创新提供了科学遵循，也是思政课教师进行课题研究、推进课堂变革、提升教学效率的依据。

第二章　中学思政课教师课题研究典型案例分析

　　多年来，我们以课题研究为抓手，带领整个教研组的青年教师，把课题研究与日常教学结合起来，与教研备课组活动结合起来，努力推动思政课的改革创新。本章以宁夏回族自治区第五届基础教育教学课题"初中道德与法治课堂教学设计中以学生为中心的策略研究"为例，进行中学思政课教师课题研究典型案例分析，下文将全文呈现本课题结题报告。

　　"初中道德与法治课堂以学生为中心的教学策略研究"课题于2018年申报，被批准为自治区第五届基础教育立项课题，经过课题开题会专家指导，于2018年11月3日变更为"初中道德与法治课堂教学设计中以学生为中心的策略研究"。两年来，在银川二中教育集团的关怀鼓励下，在自治区、银川市、中宁县教研部门的指导帮助下，在学校各职能部门的全力支持下，经过课题组所有人员的辛勤努力，各项工作都已完成，取得了预期的成果。

一、课题提出的背景、选题的目的和意义

（一）课题提出的背景

2011年版初中思想品德课程标准颁行已有7年时间，2016年6月28日，教育部、司法部、全国普法办为贯彻落实党的十八大和十八届三中、四中、五中全会精神印发《青少年法治教育大纲》，思想品德教材由七年级开始统一改为"道德与法治"，并在2016年秋季进入课堂。2018年春季，全国统一使用人教版八年级下册道德与法治教材。从2018年秋季开始，初中三个年级都使用新编教材。新的教材最大亮点是，按照2011年版新课程标准的基本理念及《青少年法治教育大纲》的要求，贴近学生，以学生逐步扩展的生活为基础，将正确的价值引导蕴含在鲜活的生活主题之中，侧重学生在实践中进行积极探究和体验，从而帮助学生过积极健康的生活，做负责任的、尊法学法守法用法的合格公民。新教材对教师从教学观念、教学内容、教学方式、教学手段等方面都提出了以学生为中心的要求，但是，从很多教师的课堂教学来看，对新理念、新教材把握不到位，出现了低效或无效的状况。究其深层次的原因，在于教师的课堂教学设计不能以学生为中心。突出问题表现在：教学设计脱离了学情，没有依据学生的认知发展；课堂教学情境的创设、课程资源的开发利用、问题的提出，不能激活学生的思维、释放学生的潜能；教学过程不能发挥学生的主体作用，教学方法单一、陈旧，教学媒体运用不当，缺乏有效的教学评价和提炼，学生不能内化过程；教学过程重预设，缺少有价值的教学生成等。因此，对初中道德与法治课堂教学设计中以学生为中心的策略的研究至关重要，关系到学生的健康成长，关系到党的十九大精神的贯彻落实，关系到社会主义核心价值观教育的深入开展，关系到课堂变革的推进和教学效率的提升，同时也关系到教师自身的专业发展。

道德与法治课堂是课程改革的主阵地，直接关系着学生的发展，而课堂教学的优劣很大程度上取决于课堂教学设计策略。我们认为应该通过道德与法治课教师对教学设计策略的精心研究，启发学生在思考状态下主动学习；利用合作、探究等方法，实施教学过程；引导学生全身心投入，从而使教学目标得以落实以促进学生发展。往常备课，一人一册书，从头备到尾。有的教师甚至出现备课、上课两张皮的现象。检查备课也只是数数备了多少节，看看教学过程是否完整具体。如此备课，费时低效。鲜有自己对教材和课标及学情深层次的解读，教学设计预设不足，课堂随心所欲，上到哪儿算哪儿。大部分课后反思流于形式，寥寥几句甚至只有一句话，起不到反思的作用。因此我们申请了"初中道德与法治课堂教学设计以学生为中心的策略研究"课题。这就要求我们的教师要通过集体备课和研究深入进去研读教材、吃透教材，了解学生、摸清底数，跳出教材，依据课标设计教法、学法等，从而实现教学目标有机达成，提高教学质量，促进学生发展。

（二）选题的目的和意义

由于"思想品德"课更名为"道德与法治"的时间尚短，教师对新编教材研究还未深入，宁夏这方面研究的理论和模式也尚处于初步介绍和摸索阶段，系统化、本土化的理论研究几乎空白，这直接导致初中一线道德与法治课教师在教学实践中遇到诸多的困难，出现了许多误区。据了解，很多学校道德与法治课新上岗教师或非专业教师占了相当大的比例，他们既缺乏对道德与法治课教学设计中以学生为中心的有效策略理论的深入、系统的学习和思考，也缺乏基本的操作规范的训练。从近两年教育部"一师一优课、一课一名师"观课和银川市推进课堂变革观课中，以及2017年、2018年与全区教师在线交流中深有感触。因此，我们认为，宁夏道德与法治课堂教学设计以学生为中心的策略研究和实践目前仍然存在很多问题：一是缺少经过系统性研究的原创性教学有效策略研究成果；二是缺少从专业教学理论和模式出发，符合宁夏教育背景和教育需要的、适合一线道德与法治课教师使用的以学生为中心的有效教学设计策略方法理论和操作规范；三是教学设计中以学生为中心的有效策略理论与相关领域的研究，仍处于起步阶段；四是应用教学设计中以学生为中心的有效策略理论，仍处于经验性的摸索阶段，缺乏理性的思考和科学的指导。由此可见，道德与法治课教学设计中以学生为中心的策略研究的确具有重要的理论研究价值和实践应用空间。

二、课题研究的内容和方法

（一）研究内容

1. 依据学生认知发展，准确地把握学情的教学设计策略研究。

2. 激活学生思维、释放学生潜能的教学设计策略研究。

3. 学生内化学习过程教学设计策略的研究。

4. 有价值的教学生成策略研究。

（二）研究方法

本课题研究主要方法为行动研究，包括文献研究法、观察法、案例分析法、经验总结法等。主要做法是：通过研究者所在学校的课堂和银川市推进课堂变革评比展示活动的课堂进行观察和调查研究，了解初中道德与法治课堂教学以学生为中心的现状；通过课例研究，总结初中道德与法治课堂教学以学生为中心存在的主要问题，指导课题研究的发展；通过集体研讨，共同找到课堂教学设计以学生为中心的有效策略；通过案例研究、经验总结，摸索规律，供教师学习和借鉴。行动研究是本课题研究的主要方法，重在初中道德与法治课堂教学中研究以学生为中心的策略，解决教师教学中遇到的疑难问题，促进教师的专业化发展，促进学校和学生的发展。

三、课题研究的目标

1. 探索初中道德与法治课堂教学的基本依据、学科核心素养的形成和发展过程、课堂主要学习方式、课堂主要特色及课堂核心价值，转变学生学习方式，促进学生健康发展。

2. 切实转变教师的教学方式，有效地落实新课程的基本理念及《青少年法治教育大纲》的要求，推进课堂变革，提升教学效率，促进教师专业成长。

3. 形成操作性强的初中道德与法治教育部统编人教版教材课堂教学设计中以学生为中心的有效策略，为全区教师课堂教学提供借鉴和帮助。

四、本课题国内外研究现状

课堂以学生为中心策略的研究一直是学术界的热点，早已是引起广泛关注的研究领域和实践领域。在很多国家的初级中学，都对课堂以学生为中心的策略进行了大量的研究，形成了诸多理论，如布鲁纳的建构主义理论，认知发展理论和"发现教学法"，马斯洛及罗杰斯的人本主义教学理论，斯金纳的行为主义教学理论，加德纳的多元智能理论，杜威的生活经验重构课程观，等等。而我国早在2001年6月就颁布了《基础教育课程改革纲要（试行）》，并在全国范围内进行了新课程改革的实验和研究，取得了一系列的研究成果和实践经验。基础教育课程改革启动以来，除了理论工作者继续研究课堂教学如何以学生为中心的理论和模式并应用于相关领域外，一线的教师已普遍认识到教学以学生为中心的重要性和迫切性。新课程特别强调改变课程实施过于强调接受学习、死记硬背、机械训练的现状，倡导学生主动参与、乐于探究、勤于动手，培养学生搜集和处理信息的能力、获取新知识的能力、分析和解决问题的能力以及交流合作的能力，培养学生的独立性和自主性，引导学生质疑、调查、探究，在实践中学习，促进学生在教师指导下主动地、富有个性地学习。在这方面，上海、宁夏其实都走在全国的前列。特别是银川市于2015年启动了"推进课堂变革，提升教学效率"的专项活动，制定了以学生为中心的"五项核心指标"评价标准，并于2016年、2017年开展了课堂教学的评比展示活动。2019年，银川市教育科学研究所又启动了五项核心指标的修订工作，本次修订深入总结了五项核心指标在三年实践中的宝贵经验，充分践行我国基础教育最新研究成果，运用教育科学、认知科学等领域的最新成果，经过专家和一线教师反复讨论、充分论证，努力将五项核心指标修订为视野开阔、理论完备的银川市课堂教学评价指导性文件，并于2020年正式下发，以学生为中心的理念得到了深化。2011年版思想品德课程标准颁布后新教材迟迟没有出来，但《青少年法治教育大纲》提出了很多新的要求，而党的十九大及社会主义核心价值观、中华优秀传统文化的教育等都对思政教师提出了新的要求。特别是本课题研究期间，在思政课程发展史上发生了几件影响深远的大事情，使课题组全体成员备受鼓舞。2019年3月18日，习近平总书记在北京主持召开学校思想政治理论课教师座谈会，对新时代如何办好思想政治理论课发表重要讲话。8月14日，中共中央办公厅、国务院办公厅印发《关于深化新时代学校思想政治理论课改革创新的若干意见》。9月18日，教育部等五部门印发《关于加强新时代中小学思想政治理论课教师队伍建设的意见》的通知。2020年12月18日，中共中央宣传部、教育部联合印发《新时代学校思想政治理论课改革创新实施方案》的通知。总书记重要讲话以及相关政策文件，从党和国家事业发展的全局出发，深刻阐述了上好思想政治理论课的重大意义，对思政课改革创新提出了"八个统一"，对思政课教师队伍建设提出了"六个要求"，深刻回答了思想政治课建设的一系列重大理论和实践问题，为推进思想政治理论课建设指明了前进方向、提供了重要遵循。同时也为本课题研究提供了重要理论支撑，极大地推动了本课题研究的进展速度。

五、课题核心概念的界定

（一）道德与法治

道德是指以善恶为标准，通过社会舆论、内心信念和传统习惯来评价人的行为，调整人与人之间以及个人与社会之间相互关系的行为规范的总和。法治是指根据法律治理国家，与"人治"相对。全面推进依法治国，把法治教育纳入国民教育体系是党和国家人才培养的战略要求，是我国当今社会发展的价值体现。这里主要指基于教育部统编人教版教材的初中道德与法治课程。

（二）课堂教学设计

课堂教学设计指课堂教学设想和规划。需要根据课程的目标体系，选择恰当的教学策略，制订课堂教学过程结构方案，并实施教学，做出评价和修改，包括教学资源的开发和利用，教学重点、难点的确定，教学方法与手段的筹划等。

（三）以学生为中心

"以学生为中心"的观念源于美国儿童心理学家和教育家杜威的"以儿童为中心"的观念。杜威极力反对在教学中采用以教师为中心的做法，反对在课堂教学中采用填鸭式、灌输式教学，主张解放儿童的思维，以儿童为中心组织教学，发挥儿童学习主体的主观能动作用，提倡在"做中学"。"以学生为中心"对立面便是"以教师为中心"。以教师为中心的教学最明显的特征就是忽视了学生的学习主体的作用，通常采用集体的、满堂灌的讲授式教学。相应的，以学生为中心的教学的特征是重视和体现学生的主体作用，同时又不忽视教师的主导作用，通常采用协作式、个别化、小组讨论等教学形式，或采用多种教学形式组合起来进行教学。

（四）教学策略

教学策略是指以一定的教育思想为指导，在特定的教学情境中，为实现教学目标的制定，并在实施过程中不断调适、优化以使教学效果趋于最佳的系统决策与设计方法。

六、课题研究的过程

课题实验与研究的过程，是本课题最核心的部分。我们的课题实验与研究，从2018年2月开始至2020年10月结束，共分为四个阶段。

第一阶段：准备阶段（2018年2月—2018年10月）

本阶段课题组教师主要做了以下工作：课题申请、立项、论证，问卷调查、理论学习，形成研究方案，成立组织机构，建立课题组 QQ 群、微信群，查阅相关文献等资料，整理课题实施校道德与法治课教师取得的成绩，搞好课题宣传，提出研究计划和管理办法，组织课题组人员开展理论学习和技术培训，撰写课题开题报告，等等。

1.明确责任分工，制订方案、制度，保证课题运作。

成立以自治区级骨干教师蒋福军为组长，银川北塔中学政史地教研组组长荆红为副组长，武君珍、杨晓红、姜葳、黄叶、杨丽莎、李海蓉、张玲、高慧、杨辉等为成员的课题研究小组，负责整个课题的研究。由学校领导班子组成领导、指导、监督小组，负责对课题研究指导和监督。由自治区、银川市、中宁县教研室、教科所教研员及专家组成课题顾问组，对课题研究进行有针对性的指导。并于2018年9月任意抽了七年级两个班从教师的教和学生的学两个层面设计出问卷调查表《道德与法治课堂教师以你为中心了吗？》，进行了问卷调查。在了解教师的教与学生的学的基础上，有针对性制订了课题实施方案。在条件成熟的基础上，2018年10月27日，宁夏第五届基础教育教学研究课题开题论证会在银川二中党员活动室隆重启动。自治区教科所、教研室和银川市教科所评议专家解光穆、马兰、姜俐冰及银川二中校领导、课题主持人、课题组成员及35岁以下青年教师参加会议，会议由银川二中副校长王萍主持。因课题组组长蒋福军赴江苏师范大学马克思主义学院参加2018年全国法治骨干教师培训，由课题组副组长荆红陈述了《初中道德与法治课堂以学生为中心的教学策略研究》开题报告，并广泛地对课题展开论证，听取并采纳了专家学者对课题的实施意见和建议，在2018年11月3日将课题名称变更为"初中道德与法治课堂教学设计中以学生为中心的策略研究"，使课题的可操作性更强，研究更能落到实处。同时，课题组制定了一系列课题管理制度。课题组向学校申请了专项经费，并配备了平板电脑等必备的硬件设施，保证了课题后期的顺利进行。

2. 加强学习培训，夯实课题研究基础。

良好的开端是成功的一半。课题一确立，课题组的全体老师首先深入分析问卷调查中教师在道德与法治课堂教学中以学生为中心方面存在的问题，通过有关资料和经验，梳理关键问题，如："怎样的课堂才是以学生为中心的""以学生为中心的教学设计策略有哪些""以学生为中心的教学设计策略需要教师具备怎样的素养"等。通过学习，课题组老师逐渐更新了理念，明晰了概念，加深了认识，理清了思路。紧接着，又认真学习了《义务教育初中思想品德课程标准（2011年版）》《青少年法治教育大纲》，以及教育部专家及自治区教研室武琪老师《道德与法治》教材培训中的教材分析、课程教学实施建议等相关内容，深入领悟其中的精神，观看了蒋福军、杨晓红、高慧老师的部级优课，观看了荆红、姜葳、张玥、杨辉、高慧老师在银川市第二届、第三届"推进课堂变革"教学评比课例展示中获得一等奖的五个课例。通过理论的学习和课例的分析，结合平时的教学实践，搜集提炼了一系列问题，如："教学中如何制定恰当的、符合教与学实际的、具体细化可操作的教学目标""如何准确地锁定教学起点，关注学生的知识起点、生活经验和心理起点""如何科学设计教学过程，预设主要的教学环节，针对教学内容和学生的特点选择有效的教学方法和学生学习指导方法，创设能引发学生兴趣与教学内容和学生实际密切相关的教学情境的方法""如何创造性地使用统编教材资源，将教材再开发后与动态生成的课程资源相互补充的方法""如何设计有价值的问题，设计的问题如何贴近学生的生活实际，给学生留下广袤的活动空间，拓展学生深层次的思维空间"等。经过梳理，老师们发现：只有切实解决教学中的这些问题，才能真正做到关注学生，提高课堂教学的实效性。于是，我们根据教师、学生、教材的特点，把问题作为专题研究内容分配下去，并且要求针对研究内容挖掘教材，做好教学设计及教学反思，记录下有效的做法、低效或无效的做法，并提出改进措施。然后，我们宣布活动时间、地点和人员分工情况。针对疫情防控期间不便于集中的现实状况，为了让研究落到实处，我们充分发挥网络教研的优势，通过 QQ 群、微信群、钉钉直播等深入进行网络研讨。研究过程中，每位老师都利用课余时间自研教材，在教学中摸索关注学生的教学策略，提出困惑。通过课题组教师的团结合作，我们把专题的研究渗透到每一课的教学设计和教学实践中，以实践促研究，从而积累成功的经验，达到预期的目的。

第二阶段：研究阶段（2018年11月—2020年7月）

本阶段课题组教师主要做了以下工作。全面实施研究方案，指导、督查课题研究，组织课题组内成员之间的交流、研讨，校内及校际之间推广课题的先进经验，拓展课题研究，展示中期研究成果，形成阶段性成果。进行案例分析，结合学生实际，开展大量的研究活动，加大实践活动研究，组织开展深入的研究活动。总结前期的研究成果，组织课题组展示研究成果，召开研讨会宣传运用成果，促使课题研究不断深化与提高，并在全校及校际间开展课题成果的推广。

1. 以深入扎实的集体备课推动课题研究，提高研究实效。

这一阶段共进行了28节课堂教学设计中以学生为中心的策略研究的集体备课，15节宁夏"空中课堂"的集体备课。每次集体备课都进行多次研究。在具体的研究过程中，课题组利用平罗县教育局2019年5月、2020年10月两次组织道德与法治教师来我校进行观摩学习的契机，安排荆红、杨晓红、张迎霞、吴静、杨丽莎、姜葳、蒋福军老师就《依法履行义务》《维护宪法权威》《情绪的管理》《我们的情感世界》《预防犯罪》《走近老师》《夯实法治基础》等7节课进行集体备课和研讨。我们抓住银川市教育局在北塔中学举办北京专家教师送教讲学专题培训班的契机，安排武君珍老师就道德与法治八年级上册第二单元《遵守社会规则》第三课《社会生活离不开规则》第二框《遵守规则》进行教学设计。同时，我们利用银川市举办2019年"互联网＋教育"背景下初中道德与法治优质课评选的活动平台，安排张迎霞老师就七年级下册第二单元《做情绪情感的主人》第四课《揭开情绪的面纱》第二框《情绪的管理》进行教学设计。另外，我们结合学校的"三课议评"活动，由蒋福军、荆红、姜葳、张玥、吴静、张迎霞、张鹏静、杨丽莎老师就《我国的资源环境问题》《我国的人口问题》《弘扬和培育民族精神》《深深浅浅话友谊》《关爱他人》《关心国家发展》《让家更美好》《走近老师》等8节课进行集体备课和研讨。安排蒋福军、武君珍、张迎霞、杨丽莎、吴静、张玥围绕八年级下册教材的12节课进行集体备课和研讨。由教师个人去吃透教材、课程标准和《青少年法治教育大纲》，然后重点围绕如何在课堂中以学生为中心进行教学前的设计。初步定型后，教师在集体备课时就整堂课设计的思路、环节进行细微阐述，如：教学目标制定得是否全面、具体、可操作，是否符合学生的认知水平；教学内容的选择是否恰当；导入新课以学生为中心的教学资源如何选取；以学生为中心突出重点知识、突破难点知识，如何创设有利于学生学习的教学情境；如何创造性地开发利用教材资源；如何巧妙地设问以激发学生的思维，引导学生走向深度学习，挖掘学生潜能，内化学习过程；如何组织学生有效地进行合作学习；如何抓住有价值的教学生成，将学生作为重要的教学资源加以开发和利用；如何将信息技术与课堂教学深度融合，有效地为教学服务，等等。并就教学环节和内容哪些该删、哪些该添，哪些需要搜集资料，哪些需要下载和制作视频，哪些侧重教师讲授，哪些适合学生自主活动，教学资源哪些该删、哪些该添等，进行了深入的研讨。无论是线下还是线上集体备课，课题组教师都在用心倾听，积极思考，大家集思广益，每人都表明自己的想法。用心听取别人的意见，也毫无保留地把自己的经验说出来，以供其他教师学习、甄别、运用。最后大家再进行整理归纳，在集体备课研讨的基础上，形成预案。教师带着预案上课，课下课题组的老师再讨论修改，形成很好的再教案例，再教再反思，从而使课堂中以学生为中心的教学策略更有效。在反复的课题研讨和实践中，逐步摸索出道德与法治课堂教学中以学生为中心的策略。

2. 基于课堂教学，反思以学生为中心的策略是否有效。

初中道德与法治课堂中以学生为中心的教学策略是否有效，最终要在课堂教学中加以检验。我们在集体研究的基础上，进行反复磨课并先后共同承担了各级各类的课例展示、观摩研讨及宁夏"空中课堂"教学30节以上。为了发现问题，有针对性地研讨，共同提高，课题组还先后与银川市景博中学、二十中联合，组织荆红、陆海燕、张冬丽老师分别围绕《依法履行义务》的课题开展了"同课异构"活动。每次上课时，课题组教师在学校录播教室选取不同的班级磨课三次，每一次磨完课后，及时召开专题研讨会，针对教师课堂教学中以学生为中心的教学策略深入分析，总结经验，吸取教训，进行再教设计。研讨会上，课题组将课堂录像进行回放，一个环节一个环节地过，大家畅所欲言，各抒己见，指出其中教学的亮点，也实事求是客观地指出课堂中关注学生的不足，再提出解决的方案进行再设计。往往能指出教学中以学生为中心的教学策略问题，提出具体的可行性意见，做课教师也能根据自己的感悟，虚心地接受并改进自己的策略，真正做到了以研促教、以教促研，长善救失，共同提升。在研讨的整个过程中，我们将每堂课都录制下来，要求课题组的教师将自己和其他教师的课堂实录拷到自己的电脑上，利用课余时间回放，细细品味课堂的每一个环节，比较反思本节课在以学生为中心的教学策略方面有哪些亮点值得学习，还有哪些需要商榷或改进的地方。如果自己上，如何采取更好的策略，并做好观课后的记录和反思。课题主持人蒋福军老师还就课题实施过程中的做法、存在的问题，多次与区教研室的武琪老师，区教科所的解光穆所长、支爱玲老师，市教科所的岳磊老师，以及其他课题研究的专家如正高级教师谭凤兰等进行交流探讨，听取课题实施的宝贵意见和建议，以进一步促进课题的有效、扎实实施。

第三阶段：自我评估阶段（2020年8月—2020年9月）

本阶段是对课题研究进行全面系统的自我总结评估，提炼形成研究成果，评估研究的有效性（是否通过研究解决了实际问题）、成果的针对性（研究成果是否与研究主题有逻辑关联）。

1. 对教师课堂中以学生为中心的教学行为方面转变的评估。

首先，从2020年9月开始，课题组充分利用学校深入开展"互联网＋创新素养"全区优质课大赛银川北塔中学选拔赛及同心县教育局到北塔中心观摩学习课堂教学的契机，深入到课题组每一个教师的课堂中进行观察和评价，记录教师在课堂教学中以学生为中心的教学策略的运用，进行综合评价。听取授课教师的教学反思，指出如何进一步优化课堂教学以做到真正关注学生，督促教师进行再教设计。其次，不定期地抽查课题组教师的教案和听课记录，主要看教师是否按课题实施要求进行以学生为中心的教学设计，以及再教设计、教学反思是否深刻。然后对课题组每位教师进行针对性的指导，对教师进行访谈，听取教师在这一阶段课题研究中的想法建议等，更好地指导课题组教师掌握课堂教学中关注学生的有效教学策略。最后，邀请自治区、银川市、中宁县、同心县、平罗县教研室专家和学校领导，从课题组长到成员，每个人都对自己在这一阶段课题研究中的教学和教研情况做总结和汇报，主要谈自己的收获、取得的成绩和今后在课堂教学中以学生为中心的教学策略还有哪些需要改进的地方，虚心听取各方面的意见和建议。

2. 对学生学习行为转变及素养进步的评估。

除了深入课堂进行观察外，课题组还发放问卷调查表《道德与法治课堂教师以你为中心了吗》，并抽了2018年9月问卷前测的学生进行了问卷后测，认真分析问卷的结果并公示。另外，还仔细分析了2019年、2020年九年级道德与法治中考成绩，查找在课题研究方面的成果和不足。最后又对学生评教的结果进行了认真的分析，并将有些学生的心里话摘录出来反馈给课题组的教师。

3. 主动向上级教研部门汇报研究进程，接受监督。

2019年7月、2020年7月，课题组分别向银川市教科所和自治区教研室汇报了课题研究的现状、取得的成果和今后的设想，并展示了课题研究方面的经典案例和做法，接受上级教研部门的评估和监督。

第四阶段：总结、结题阶段（2020年10月）

本阶段课题组教师主要做了以下工作：搜集各个方面的研究资料及研究成果，加以整理分析，完成研究报告，完成课题结题，接受结题鉴定。

七、技术路线

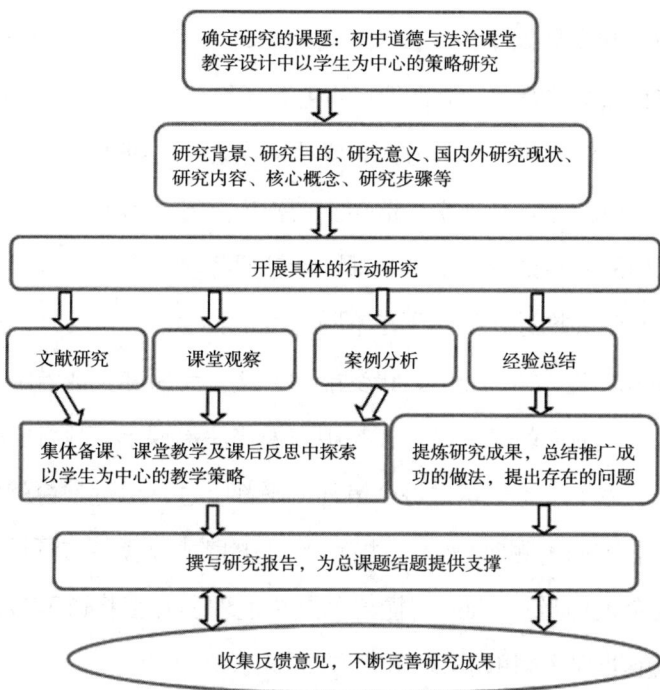

```
┌─────────────────────────────────────┐
│ 确定研究的课题：初中道德与法治课堂       │
│ 教学设计中以学生为中心的策略研究         │
└─────────────────────────────────────┘
                  ↓
┌─────────────────────────────────────┐
│ 研究背景、研究目的、研究意义、国内外研究现状、│
│ 研究内容、核心概念、研究步骤等            │
└─────────────────────────────────────┘
                  ↓
┌─────────────────────────────────────┐
│          开展具体的行动研究              │
└─────────────────────────────────────┘
      ↓         ↓         ↓         ↓
  ┌──────┐ ┌──────┐ ┌──────┐ ┌──────┐
  │文献研究│ │课堂观察│ │案例分析│ │经验总结│
  └──────┘ └──────┘ └──────┘ └──────┘
      ↓         ↓                  ↓
┌──────────────────────────┐ ┌──────────────────┐
│集体备课、课堂教学及课后反思中探索│ │提炼研究成果，总结推广成│
│以学生为中心的教学策略          │ │功的做法，提出存在的问题│
└──────────────────────────┘ └──────────────────┘
              ↓                        ↓
┌─────────────────────────────────────┐
│      撰写研究报告，为总课题结题提供支撑     │
└─────────────────────────────────────┘
         ↕                    ↕
   ╭─────────────────────────────────────╮
   │    收集反馈意见，不断完善研究成果        │
   ╰─────────────────────────────────────╯
```

课题研究技术路线图

八、课题研究的结果及成效

（一）研究结果

课题组成员经过反复比较辨别、研究论证、实践总结，最终摸索到了初中道德与法治课堂教学设计中以学生为中心的策略。

1.依据学生认知发展，准确地把握学情的策略。

这项策略的研究是统领其他研究的基础，也是其他策略必须围绕的中心。学生的认知发展即学情，准确把握学情即备课时要"备学生"。就是要知晓学生已有的知识背景，学生已有的生活经验，学生学习可能遇到的困难，学生的兴趣、习惯和生活学习方式，学生的生理、心理发展特点等。准确把握学情是有针对性地开展教学、落实立德树人关键环节的基础。课堂教学要收到师生双赢的满意效果，要求教师既要钻研教材，又要充分了解学生，做到掌握学情，分类推进，使学生在不同程度上科学发展。反之，对学生的基本情况、学习态度、知识要求、接受能力，或一无所知，或若暗若明，容易脱离学生实际，造成教学失败。在初中道德与法治课上，教材中的内容看似简单、浅显，每个字都认识，每个道理似乎都听过，但这是否就意味着学生的学习就会非常简单呢？恐怕有过教学经验的教师就会感觉到并非如此了。学生知道这个道理是一方面，"懂得"这个道理，乃至将道理转化为自己的实际行动就绝非那么简单了。

建构主义理论认为，学习并不是教师向学生传递知识，而是学生自主构建知识的过程。一本教材是相同的，而我们面对的学生是千变万化的，例如：校情不同使得面对的学生不同。横向比较，各所学校的生源组成不同；纵向比较，随着学校历史的发展不同时期学生组成不同；而随着社会的发展，每一年学生的思维方式、所思所想也在发生着细微的变化。那么作为教师必须清楚地看到这些不同与变化，认可教学对象差异的存在，明确自己教学的最终目的。教师不能只是机械地根据教材或照搬教参，也不能凭空想象，而要进行学生学情的分析。教材、教参上的教学重难点是相对不变的，但教学实践中的重难点却是时时变化的，而变化的依据则是学生的实际情况和认知规律。学生的思维特点不同于成人，学生的思想变化比较丰富。你认为重点的他不认为是重点，你确定的难点他可能早就明白了，教师要学会换位思考，要想到假如我是这个地区、这个班的学生，我的程度、我的困惑，等等，以学生的心态、学生的角度去把握学情。所以在"备教材"时一定要"备学生"，动静结合，才能真正地做到教学设计的针对性、有效性。同时，我们也要明确，学生接受水平的差异是客观存在的，但每个学生都有其自身优势。教师要用发展的眼光、辩证的思想看待学生，研究学生的心理特点，深挖不同层次学生的潜质。教师特别要尊重学生由生活经验引发的思维，视学生为自主的人、发展的人、有潜力的人，最大限度地调动其潜能，促进其自身的主动发展。所以，教师在研究教材的同时，还要分析学生对将要学习的新知识的接受能力，合理采用适合学情特点的教学方法，设计适应学生个性、能力发展的教学内容，以及对学困生应采取的补救措施等。那么，"备学生"到底要备些什么呢？

今天的初中道德与法治课教材与学生联系极为密切，从家庭生活到学校生活再到社会生活中种种的道德标准、法律规范，都是和学生自身有着密切关联的。"备学生"，教师要对每个学生的差异了如指掌，包括能力、智力、以前和现在的认知情况，最近是进步还是退步。尤其是要多了解学生情况，包括家庭情况、生活环境等，我们既要考虑"我应该讲什么知识"，还应该考虑"我如何贴近学生，让自己的学生对所学内容有热情"。

具体来看，可以从以下六个方面来进行学情分析。

（1）了解班级基本状况。包括班级的特征、学生的构成、智能结构、学习情况、兴趣爱好、对本学科的学习态度及代表性意见等。只有对班级学生总体情况了如指掌，才能统揽全局、有的放矢、科学施教。

（2）了解学生个性特征。教师最好对每位学生的姓名、年龄、身体状况、特长爱好、居住区域、家教环境等个体自然状况有详细了解，作为备课依据，以便涉及相关教学内容区别对待，分类指导。

（3）了解学生学习基础。作为一门和社会知识关联密切的学科，了解学生的学习基础非常重要，例如学生语文理解能力如何、史地等相关学科知识掌握程度如何、对时政等社会知识的兴趣如何，等等。这些都会直接影响备课的内容。

（4）了解学生对教学方法的反应。教学工作是教学内容和具体方法的双重体现。教师采取何种方法实施教学直接影响学生的学习积极性和课堂教学效果。道德与法治课上的教学方法也是多种多样的，小组讨论法、案例分析法、社会调查报告交流法、辩论法等皆可运用。因此，教师必须经常深入班级，了解学生对教学的意见，及时反馈信息，调整教学方法。

（5）了解学生个性品质。学生的个性品质包括学生的观察、记忆能力，思维、想象能力，解决问题能力，实验操作能力，信息接受、处理能力，现代化教学技术掌握运用能力等。还包括学生的气质、性格、动机、兴趣、自信、自律等非智力因素。"人心不同，各如其面。"学生的个性差异是很大的。教师要通过各种途径和方法了解学生的气质类型、兴趣爱好、性格特征、智力差异，为发展个性、因材施教提供依据。

（6）了解学生动态变化。教师既要从静态角度了解学生，也要从动态角度熟悉学生，即及时了解学生组织纪律、兴趣爱好的变化，对所学内容有没有产生新的疑问，最近是否有受到表扬、批评或者同学之间有无纷争、矛盾使得情绪变化等。

通过对学生的全面了解，使用一些符合学生实际的教法、学法，运用贴近学生的各种案例，才能产生教师教得轻松顺畅，学生学得愉快有效的教学过程。所以在初中道德与法治课的教学中，通过"备学生"，就可对课程的教学做一定的调整和尝试。

如武君珍老师执教八年级上册《遵守规则》一课，一开始用教材26页"运用你的经验"导课，由于与学生的生活和亲身经历较远，不易引发学生的共鸣。于是，武老师深入家庭、学校、社会生活，选取一些生活场景。先后采集了学校中学生军训、升国旗、认真听课，家庭中面对美食两个小朋友不争不抢、上下楼梯自觉右行，同学们放学自觉等红绿灯、有序上公交车，医院里排队等待抽血体检，超市排队结账等生活画面，制作成电子音乐相册，将生活中人们遵守规则的例子形象化、生动化地展示给学生，给学生以亲切感和满满的温馨感。又如在突破"自由与规则的关系"这一难点时，武老师依据学情将教材27页《探究与分享》栏目中"候车室男子旁若无人大声打手机惊醒熟睡孩子引起大家反感"的情境换成贴近学生生活的冲突。同时，根据学生上自习课讨论问题声音过大等最为头疼的现实问题，摄制了"自习课上两名学生大声讨论问题干扰到前面的同学引发的同学之间的小冲突"的视频，保留并活化了教材中的设问："你如何看待学生自习课上讨论问题的自由？"课堂实践证明，这样的策略是有效的，关注了学生学习生活中的困惑和成长中的冲突，体现课堂教学的"三贴近"（贴近学生、贴近实际、贴近生活）原则。在突出重点内容"自觉遵守规则"时，武老师将教材29页两个《探究与分享》主栏目进行整合并创造性地加以开发，以"北塔中学交通安全小卫士（本班学生组成）的所见、所访"为主题，请电视台的自媒体专业人士摄制了几组镜头，有自觉遵守交通规则的学生，有在同学提醒下遵守交通规则的学生，有存在侥幸心理和从众心理不遵守交通规则，在小卫士善意劝说下决定遵守交通规则，为文明城市创建愿意贡献力量的大叔（由备课组教师扮演）。这一在凤凰桥与贺兰山路交界处拍摄到的鲜活视频，不但将遵守规则需要敬畏规则，需要自律、他律，需要在反思自我中不断增强规则意识等重难点知识巧妙地展现，而且将教材30页《方法与技能》栏目中"劝导的技巧"融入视频之中，对学生进行了生动的心理、法律、道德教育和情感态度价值观的提升，可谓是润物无声。在处理最后一个教学内容"维护与改进规则"时，武老师将学生分成四个小组，就班级、家庭、社会、国家法律四个层面需要维护和改革的规则进行了搜集并在课堂上以主人翁的身份进行成果展示。学生表现出了极大的兴趣，他们积极准备，后来在课堂展示的过程中，学生表现抢眼，说得头头是道，真正体现了道德与法治课堂以学生为中心的策略，使听课的学生和老师印象深刻，受到北京专家教研员的高度评价。

又如张迎霞老师执教的七年级下册《情绪的管理》一课，一开始新课导入拍摄的"三名学生夸张地笑"虽然贴近学生，能引发学生兴趣，但给人以莫名其妙的感觉且不很雅。张老师及时地进行调整，重新选取了一则1分钟公益广告《微笑让生活更美好》，视频中不同人的不同微笑不但看起来很美很和谐，也感染了学生，突出了情绪感染性的特点和可管理的特点，很顺利地引入新课。又如在突出"情绪调节的方法"这一重点时，张老师设置了四个情境：考试前发现还有很多单词不会、看到同学比我学习好心里不舒服、陪伴自己的小狗狗死了难受、上中学了父母要求越来越严格感觉父母不爱我不理解我。虽然是基于学生生活的，但都是在说别人的事，不能触动学生的心灵，而且限制了学生的思维，于是张老师基于准确的学情把握，直接选取教材41页《拓展空间》栏目。由于及时调整了策略，学生的课堂生成明显，创造性的火花闪现，收到了比之前要好的教学效果。

2. 激活学生思维，释放学生潜能的策略。

真正以学生为中心的道德与法治课堂，应是师生平等交流的课堂，应是学生主动展现和释放学习能力的平台，表现出学生在课堂上有机会交流对同伴有启发意义的独特见解，能够主动挖掘自己以前没有呈现出的能力，并且这种能力超出学生自己、自己的同伴和教师的预期。能否激活学生思维、释放学生潜能是道德与法治课堂成功与否的主要标志，关系到素质教育的发展、教育公平的推进、教育质量的提升，关系到学生创新素养的培育，更关系到立德树人根本任务的落实。在研究的过程中，我们课题组主要围绕道德与法治课堂教学过程中学生兴趣点的寻找、教学情境的创设、教学资源的开发、课堂教学的评价这几个方面的策略来激活学生思维，释放学生潜能。

（1）寻找学生学习的兴趣点，让学生在学习中找到快乐。

心理学告诉我们："兴趣是人们力求认识某种事物和从事某种活动的意识倾向。它表现为人们对某种事物、某项活动的选择性态度和积极的情绪反应。任何一种兴趣都是对这种事物有所认识或参与了某种活动取得成功并体验到情绪上的愉悦后发生的。"教师在教学中以学生为中心的有效策略就是能设法寻找学生学习的兴趣点，即学生迫切需要的认知、能力及情感、态度、价值观，让学生兴奋起来，激发创造和成功的欲望。

①新课的引入可寻找学生的兴趣点。

如在学习教育部统编人教版道德与法治教材八年级上册教材第四单元第八课《国家利益至上》"国家好　大家才会好"这部分内容时，教师播放视频《厉害了，我的国》，让学生回顾过去一年国家综合国力发展的豪迈篇章，然后充满豪情地导入新课："几千年来，我们的国家从未像今天这样的繁荣富强，我们的人民从未像今天这样的幸福安康。作为中华儿女，我们深切地体会到：国家好，大家才会好！"自然地进入这部分学习内容的主题："若要国家好，需要我们每个人都要去维护国家利益。那么，什么是国家利益，我们该如何看待国家利益和人民利益的关系呢？"由于视频触及学生心理，让学生内心充溢着浓浓的自豪之情，学生兴趣被调动，主动参与课堂探究与分享活动，学生主动挖掘自己以前没有呈现出的能力，让课堂富有独特魅力，强化了社会责任感，情感态度价值观得以切实关注和提升。

杨丽莎老师上《青春的情绪》这一课时，上课伊始就问学生："今天，老师要上公开课了，面对后面那么多听课的教师，你能猜测一下老师此刻的心情吗？面对后面那么多陌生的老师，有的还坐在你们的身边，你们的心情又如何？"学生立刻回答："紧张、激动、不安、害怕……"老师微笑着说："看来，我们心灵是相通的，这些感受就是我们今天要学习的情绪。"这样基于课堂生活的导入既关注了学生的心理表现，又紧密地联系了要学习的内容；既缓解了紧张的课堂气氛，又拉近了师生的情感距离，是比较成功的。

②突破教学重难点内容可寻找学生的兴趣点。

如荆红老师执教教育部统编人教版道德与法治教材七年级上册第七课《家的意味》时，针对学生对家的意味、家的内涵、家风家规等不理解，对家长的教育有逆反心理，对如何孝敬父母认识不深等问题，选用了一则名叫《回家》的公益广告，选取了一组回家过年的镜头展开探究，将学生身边的民俗民风、待人接物、与长辈交流交往等家规、家风、家训以独特的形式展示给大家。同时，为了将"尽孝"这一情感态度价值观落到实处，教师制作了一段视频，在《时间都去哪儿了》的背景音乐下真实地再现了本班学生从小到大的成长经历，学生看得潸然泪下。学生有了特殊感受，在感人的气氛中动口、动手、动脑，课堂生成时时展现出学生智慧的火花，学生理解教材的重点，突破教学的难点，实现潜能的释放，完成情感态度价值观的提升，课堂文化、课堂的核心价值得以体现，真正展现了"生本"课堂的魅力和效率。

比如张玲老师在执教七年级上册《享受学习》这一课时，充分利用中宁四中学生来自城市，熟悉网络这一实际，以网络论坛为平台，向学生提出了一个问题：你有制订学习规划的习惯吗？结果多数学生没有，于是老师调查了学生为什么没有的原因，发现学生没有掌握正确地制订学习规划的方法，曾经也有同学制订过，但落实不了，流于形式的计划没有用，当然觉得制订规划无足轻重了。鉴于此，她觉得本节课的重点之一就是要让学生明确规划学习的意义，这就是根据学生的兴趣点分析来确定的教学重点。如何突破这一教学重点呢？教师开展了一个活动：带大家到学校图书馆走了一趟，让大家把七年级到九年级的各学科教材进行了整理，教师拿出米尺一量，居然有一米多厚。然后教师让几个学生抱着这些教材放到秤上称了称，居然重几十千克。学生看到这样的结果都很吃惊，说三年等于是背着一名小学生上学。回到课堂上，教师引导学生，初中学习的东西确实很多，但这仅是学习的开始，属于基础教育阶段，那高中呢？大学呢？研究生、博士呢？我们初中学所学和人生所学相比，只是冰山一角。教师用电子白板展示了一张图片，上面写着：茫茫大海，学海无涯，正确规划学习是航行的罗盘，是胜利到达彼岸的保证。明确了规划学习的意义，教师让学生每人写了一份学习规划，收上来发给了各个小组进行分析，问题马上暴露了：一是学生的规划写得太空，比如升入初中了，课程多了，我要发愤图强，认真学习，上课认真听讲，作业认真完成，不懂就问，等等。没有具体措施，空对空，肯定落实不了。二是规划小而全，流水账似的列出来，八点干什么，九点干什么，十点干什么。很细，但操作性不强，算起来连上厕所的时间也没有了。于是，教学的难点随之确定了，如何进行合理的学习规划？教师让学生分组活动，每个组发了一张纸，大家把制订出来科学的学习规划的方法逐条写下贴在班级文化墙上，供大家参考学习，最后每个人再根据自己的实际制订出科学的学习规划。这样的教学比教师直接讲规划学习的重要性、如何制订科学的学习规划丰富得多、深刻得多，学生更容易理解。这一实践活动中，学生的思维得以激活，课堂为学生展示潜能提供最大的空间，真正体现了以学生的发展为中心的教学理念。

（2）创设丰富的教学情境，为学生思维激活、潜能释放搭建平台。

著名教育家赞可夫说过："教学法一旦触及学生的情绪和意志领域，触及学生的精神需要，这种教学方法就能发挥高度有效的作用。"道德与法治课有效教学情境的创设能使"境"与"情"结合、"境"与"理"统一，让课堂活而实。学生在情境体验中，学得更好，发展得更快，体现了对学生发展的真正关注。学生因体验而晓理，因感受而动情，从而把学习活动变成自己的精神需要。

①以丰富多彩的活动形式来创设教学情境，达到形式与效果的统一。

身临其境的生活实践和体验给学生留下的印象最深，对学生的心灵触动最大，为此要选择丰富多彩的活动形式。如教学七年级道德与法治上册第九课《珍视生命》中"养护生命"内容时，如果只是按照教材"集中营遗存儿童画作"的事例，让学生分析画家费德利为什么要教孩子们画花卉、人物和窗外的风景，这脱离学生的生活，对学生触动自然不会很深，很难达到守护生命需要养护精神的教学效果。于是在教学时，教师把学生分成小组，让每个小组课前挑自己熟悉的有丰富内涵的诗词进行学习和分析，课堂上进行经典诵读活动，诵读完后让学生现场谈诵读诗词时的感受，并说说诗词对自己精神养护所起的作用。有学生说："重温、鉴赏经典诗词，可以激发记忆和情怀，分享诗词之美，感受诗词之趣，从古人的智慧和情怀中汲取营养，涵养心灵。"在谈到对精神的养护作用时，有学生说："品读诗词会上瘾，可以了解中国文学史，领会中华文化的精髓，丰富自己的文化生活，还可以从中汲取生存智慧，产生前进的力量。比如'安得广厦千万间，大庇天下寒士俱欢颜'，让人自然而然产生忧国忧民的思想；'问渠那得清如许？为有源头活水来'，提醒我们要不断学习才能跟上时代的步伐；'未觉池塘春草梦，阶前梧叶已秋声'，警示我们时间易逝，要珍惜分分秒秒；'千淘万漉虽辛苦，吹尽狂沙始到金'，勉励我们只要付出总会有收获等。"这样的活动形式为学生提供了实践的机会，将学生带入生活去体验，容易达到教育的效果。

②以富于探究性的热点材料创设教学情境，激发学生思维，有效地达成

教学目标。

苏霍姆林斯基认为："学生对眼前能看到的东西是不感兴趣的，对藏在后面的奥妙却很感兴趣。"因此，教学中教师应根据学生的知识、心理特征及社会焦点和热点，适时地引入有重大影响的事件，激发学生思维，加深学生对教材知识的理解，提高学生的思想觉悟，内化教学内容。

如教学七年级道德与法治上册第八课《探问生命》中"敬畏生命"内容时，姜葳老师播放了《重庆公交坠江事件》的视频，又展示了"2018年10月18日，宁夏固原汽车驾驶员撒东红在行驶途中心脏被突然飞来的石块击中，在生命的最后一刻将车停到安全地带，挽救了19位乘客"的感人故事，并提出问题：有人说，心存敬畏，才能无畏；也有人说，心存敬畏，行有所止。对比视频和材料，说说你有什么看法？

学生投入到探究中，辩证地谈到生命是脆弱、艰难的，又是坚强、有力的。生命哲学家史怀泽说："善是保存和促进生命，恶是阻碍和毁灭生命。"重庆公交车中的肇事妇女和驾驶员不敬畏生命，任性违法，车上乘客畏惧惹事，冷漠不作为，没有履行维护公共安全的义务。而撒东红对生命怀有敬畏之心，因此以大无畏精神和行动挽救了乘客的生命。所以，生命是宝贵的，生命价值高于一切，当我们对生命怀有敬畏之心时，我们就会珍视它。同时，"仁者爱人""推己及人"，他人的生命同样重要，我们还要自觉地珍爱他人的生命。这样的热点材料探究，可迅速吸引学生的注意力，激发学生积极思维，引导学生主动思考、探究，既提高学生分析、解决问题的能力，让正确的情感态度价值观和法治观念入脑入心，又能很好地达成教学目标。

③巧用视频创设教学情境，活化教学内容，提升学生情感。

道德与法治教材许多内容较为抽象、艰涩，不易理解。如能从学生的认知出发，恰当巧妙地运用视频，则有利于化抽象为直观、化繁为简，让教学内容生动、有趣味、富有内涵。如在教学八年级道德与法治上册第七课《积极奉献社会》中"关爱他人"内容时，教师如果直接让学生说为什么要关爱他人，如何关爱他人，学生多是空谈，很少有真情实感。教师选用视频《这世界总有人偷偷爱着你》，视频第一部分展示生活中人的绝望、无奈、冲突与矛盾，设置悬念：这样的社会你喜欢吗？为什么？学生表情凝重地谈了自己不喜欢的原因。接着，教师话锋一转：这个世界真的很冷漠吗？请接着看视频。视频的第二部分"这个世界没有你想象的那么好，但也没有你想象的那么糟"，分别展示了朋友、交警、电梯中的行人、轿车被剐蹭者及路边行人对他人善意地开解、提示、忍让和帮助。播放中，教师专门抓拍下关爱他人以及受人关爱人物微笑的面容和帅气的动作。然后抛出问题：结合视频谈谈，为什么社会需要关爱？

有了直观的视频、图片，学生在讨论中理解和感受到了：关爱传递美好情感，给人带来温暖和希望；关爱促进社会和谐稳定，传递信任，有利于形成良好人际氛围，促进社会文明进步；关爱他人，收获幸福等。最后，教师顺势引导：结合自己受关爱的经历谈谈我们应该如何去关爱他人？因为这个问题符合学生的认知，学生有一颗善良的心，有过受人关爱的经历，所以能以家庭生活、学校生活和社会生活真实地再现自己受关爱的过程和关爱他人的艺术。再现的过程中，学生存着一颗感恩的心，流露出一份感动的情。这样的情境教学，能让教材中的道理真正触及学生的内心深处，激发学生学习兴趣，培养其观察力、思维能力，在提升学生情感中让社会主义核心价值观真正得以落实。

（3）积极开发教材资源及符合民族精神和时代精神的各类教学资源，助力学生思维的激活及潜能的释放。

①指导学生把握教材的体例、形式和内容，吃透教材，理解教材的每一个板块，每一部分内容，发挥好教材的基础性作用。

教学是道德与法治课程实施的主要途径。教学的重要凭借是教材。《义务教育思想品德课程标准（2011年版）》指出："教师要了解和研究教材的整体布局，把握教材具体内容在单元和整套教材中的地位、任务，根据本标准，认定鲜明而集中的教学目标。在合理使用教材的基础上，教师应创造性地组织教学内容，设计合理的教学结构，灵活采用多种教学方法和手段，优化教学过程，提高课堂教学水平。"教学的实施过程，是对已有教材的开发和利用的过程。对于教学来说，课程实施更多的应该是如何更好地"用教材"，而不是简单地教教材。道德与法治教材更是如此，具体表现在教师先对教材进行开发和利用，即选择认为适合的材料，以相应的教学方式呈现给学生。教师呈现给学生的材料是一种潜在的教育资源，在一定程度上体现了教师的意图，即蕴含的知识、思想、方法等落实学习目标，这就是教材的开发和利用过程。师生对教材开发和利用的过程是对教材的理解、感悟和内化的过程，也是师生经验的整合过程。在这个过程中，学生习得知识，掌握方法，形成正确的法治素养。教材作为课程资源，开发和利用的途径是多方面的。

学生把握教材的体例、形式和内容，吃透教材，理解教材的每一个单元、每一课、每一个栏目，才能有效进行课堂教学及课程的学习。因此，教师要指导学生从目录、单元、课、目上整体把握教材。从四个单元的题目到题目下的导语，再到每一课的题目、引言，每一框的标题、正文、栏目（最主要的是《运用你的经验》《探究与分享》《拓展空间》；其次是《阅读感悟》《相关链接》《方法与技能》等），分层次地去研读。以道德与法治八年级下册为例，教材单元标题能帮助学生明确学习目标，单元标题中不但有情感态度价值观的强调，如第一单元和第三单元《坚持宪法至上》《崇尚法治精神》；还有能力方面的要求，如第二单元《理解权利义务》；也有知识方面的要求，如第三单元《人民当家作主》。课的标题则是单元内容的具体化操作，如第一单元《坚持宪法至上》，怎么去坚持呢？就要《维护宪法权威》，并《保障宪法实施》。又如第三单元《人民当家作主》，怎么体现呢？就要通过《我国基本政治制度》和《我国国家机构》来体现。每一单元的导语可让学生品读，引发学生深思，便于学生从整体上把握本单元的知识结构和目标要求，让学生学有目的、学前有思，陶冶身心，受到启迪和教育。每一课的引言，可让学生品读引言中的设问，概括本课的核心内容，明确本课的重难点。而对于教材主体内容的研读，应遵循是什么、为什么、怎么做的思路，特别是三个栏目《运用你的经验》《探究与分享》《拓展空间》要进行重点剖析。例如八年级下册教材先让学生了解宪法基本原则、权利义务、基本经济制度、根本政治制度、基本政治制度、国家机构、自由平等、公平正义的内涵及最主要的法律规定，再理解意义，然后用心领会国家的具体做法及对公民的具体要求等。这样化难为易、脉络清晰、层次分明、逻辑性强的研读符合初中学生的身心特点及认知规律。

②把学生引向生活，挖掘宝贵的教学资源。

陶行知先生曾说过："我们深信生活是教育的中心。"生活永远是最好的课程资源，生活处处是课堂。生活教育是用生活来教育，教育要通过生活才能发出力量而成为真正的教育。只有将学生的课堂学习与生活实践结合起来，才能让学生从中学习规律、掌握知识、发展技能，进而使他们真正理解法治的内涵，反思自己的法治行为，从而提升情感，培养道德与法治素养。教育部统编道德与法治教材主栏目中有很多让学生在生活中体验的情境资源，教师应善用这些资源来增强课堂教学的趣味性和有效性。如在执教八年级下册《自由平等的追求》一课中"践行平等"内容时，教师运用了教材103页《探究与分享》栏目中的三幅生活图片。教师对资源进行了再加工，将原材料中的图片改编成情景剧，让学生的表演。在表演中，公司招聘人员傲慢的神态、刺耳难听的语言、拒人于千里之外的动作、势利的眼神，求职者的小心翼翼、战战兢兢、犹豫徘徊、无奈失望、愤愤不平、打电话时的伤心绝望，家人与招聘公司据理力争、生气发病的表情动作等，都活灵活现地展现在学生的面前，真正触及了学生的心灵，让学生在观看和反思中真正体验到不平等现象给自己、父母亲人、家庭带来的危害和伤害，感悟到平等的真正内涵和意义，理解法律面前人人平等的原则。对学生树立平等地对待任何社会成员、尊重他人的合法权益及依法维权的意识，自觉践行平等的影响将十分深远。课堂教学活动中蕴藏着丰富的课程资源，一个有意义的教学过程，除了能够学习客观知识，还应该成为广大师生共同建构知识和人生的过程。只有师生的生活、经验、智慧、理解、问题、困惑、情感、态度、价值观等因素能够进入教学过程的时候，学生才会真实地感受到教学过程才是他们的人生过程，教学才有可能真正促进学生的健康成长和健全发展，才有可能体现道德与法治课程应有的生机和活力。伴随着智能手机的广泛应用，教师和学生在家庭、学校、社会生活中随时都能捕捉到鲜活的教学资源。如在执教《诚实守信》一课时，我们的教师花了很大的心思从现实生活中去捕捉资源。她在家庭生活中用手机拍了自己的女儿借旁边邻居小朋友橡皮及时归还，放学后因忘记拿钥匙在爸爸妈妈回来之前趴在楼梯上写作业的小视频，让学生直观地欣赏日常生活中待人接物、借别人东西要及时归还及表里如一、独立、及时、主动完成作业的诚信风范；在社会生活中拍了带女儿去商场购物、坐公交车时主动排队、售货员多找了零钱后女儿主动归还、过红绿灯时主动等候的小视频，让学生为生活中遵守规则、不贪小便宜的诚信行为而点赞；在学校生活中拍了同学们上课遵守纪律认真听课、上学迟到没有完成作业不找借口实事求是地向老师说明原委、考试独立作答不作弊的小视频，让学生品味诚信和遵守规则给个人、他人、家庭、学校、社会带来的好处。在执教《关爱他人》一课时，发挥了学生开发和利用资源的作用，让学生用手机在家庭拍父母风里来、雨里去辛勤工作及辅导自己作业、指导自己改错误的小视频；在学校拍教师认真备课、批改作业，精心辅导学生，投入上课，以及同学之间团结互助、共建美好集体的小视频；在社会中拍公交车上人们主动让座、帮助残疾人，警察在暴风雨中搀扶老人过马路的小视频。课堂上，这些鲜活资源的展示，让学生切身体会到了父母的辛劳、教师的无私、人性的善良，增强了感恩之心。其实，只要我们做个生活的有心人，时时处处都可挖掘生活中取之不尽的宝贵教学资源。

③有效地挖掘激发学生学习兴趣、符合时代精神和民族精神的教学资源。

教师是道德与法治课程资源最主要的开发和利用者，具有主观能动作用。教师在教学设计的过程中，需要准确把握学生学情、教材结构、教学内容等，需要设计精准的教学目标，需要精心设计丰富多彩的教学活动，采用灵活多样的教学方法来达到教学目标，这一过程就是教师学科素养最主要的体现。作为思政课教师，教师的专业知识功底、道德素养、理想信念、敬业精神、工作态度、工作方法，以及语言、体态、穿着、教学的方法技巧、关爱关注学生的程度、与学生交往的亲和力等，都是影响学生和教学的重要因素，是课程资源的有机组成部分。

首先，教师要以全新的思维、宽广的视野来建构新的资源，激发学生的学习兴趣。

教师要根据教材特点、教材内容和学生实际有针对性地选择、开发或整合热点资源，呈现出新的教学资源。教学中，教师可以通过丰富的教学资源设计问题，并通过阅读分析、感悟体验、质疑讨论、交流共享等激发学生兴趣，引导学生进入学习过程。比如教师在执教《我对谁负责　谁对我负责》一课时，在第一个教学班上课，只用了教材64页和66页《探究与分享》中的教学资源，提问：什么是责任？他们每个人的责任来自于哪里？为什么要承担责任？结果学生无动于衷，课堂气氛十分沉闷。后来，教师进行了教学反思，认识到这些教学资源离学生生活和实际较远，引发不了学生兴趣。于是，教师重新开发和利用资源，寻找并充分利用信息技术加工制作了视频《宁夏抗击疫情援鄂医疗队的感人事迹》。这个视频很贴近教材知识而又属于新的热点的话题，因此到另一个班上课时，学生一下子被吸引，注意力高度集中。明显地，学生情绪受到了一定感染，教师也感觉到有利的教学情境已经创设。于是，抓住时机抛出问题：谁应该对感染疫情的生命负责？疫情大考中，负责任带来的结果有哪些？请你用最真挚的情感，将你今后打算如何承担责任的真心话写给父母、朋友、老师、社会、国家。这给学生的有效合作学习和潜能释放搭建了平台。学生开始在教师指导下主动讨论、探究，综合道德、心理、法治知识大胆发表看法，结合视频从不同角度分析负责任带来的震撼及真正的负责任意味着什么，如何去做一个负责任的人，明确一个人既要对自己负责，还要对他人负责，更要对社会和国家负责。这样就创造性地将教材内容转化为学生自己的观点。学生的合作是成功的，领悟也较为深刻，获得了较为成功的体验。学生在多角度提出问题、分析问题、解决问题的过程中，内化了教学内容。

其次，教师要加强自身的人文积淀以产生丰富的教学资源。

教师精准而富有感染力的语言、充满激情的表达、丰厚的知识积淀、独辟蹊径的见解等本来就是不可或缺的课程资源，不但能引发学生的学习兴趣，使其主动、自觉地学习，而且对学生精神的养护起着潜移默化的作用。如在执教《做负责任的人》一课时，老师同时引入屈原《离骚》中的"长太息以掩涕兮，哀民生之多艰"，范仲淹《岳阳楼记》中的"居庙堂之高则忧其民，处江湖之远则忧其君。是进亦忧，退亦忧。然则何时而乐耶？其必曰'先天下之忧而忧，后天下之乐而乐'乎"，李白《行路难》中的"长风破浪会有时，直挂云帆济沧海"，毛泽东《呈父亲》中的"孩儿立志出乡关，学不成名誓不还"，宋濂《送东阳马生序》中的"余幼时即嗜学。家贫，无从致书以观，每假借于藏书之家，手自笔录，计日以还。天大寒，砚冰坚，手指不可屈伸，弗之怠。录毕，走送之，不敢稍逾约"等文言诗词，来阐述中学生也要忧国忧民、志存高远、自立自强、勤学苦读，以担当责任，回报社会，创造无悔人生。教师教学中，不但对这些文言诗词如数家珍，不假思索地脱口道来，而且以"我承担我无悔"的角度对学生进行了精辟的解读，让学生听起来兴趣盎然、耳目一新。

最后，教师要锻铸坚定的政治信念、深厚的教育情怀、严格的自律意识、高尚的人格修养并将之转化为重要的教学资源。

教师是构成课堂教学的重要情境因素之一，有信仰是道德与法治学科教师必备的品质。教师必须将习近平新时代中国特色社会主义思想内化于心，树立坚定的道路自信、理论自信、制度自信、文化自信。把教师良好的教育情感、坚定的政治信念作为课程资源引入课堂，既能成为重要的教学资源，又能引发学生共鸣，产生强烈的价值认同。如在执教《关心国家发展》一课时，在讲到正视发展中面临的问题时，教师义愤填膺地说："面对美国等西方国家毫无底线，粗暴地干涉我国内政，不遗余力地打压我国高科技企业，不断地派军机、战舰到我南海炫耀武力，侵犯我国国家主权的霸权主义野蛮行径，我们要居安思危，正视挑战，坚决反制，以维护国家利益。国家好，每个人才会好！"小结本课时，教师播放《我和我的祖国》和学生一起唱，并播放各行各业、各个阶层为祖国奋斗的视频画面。教师充满深情地说："为什么我的心情如此豪迈，因为我对祖国爱得深沉！在中国共产党的领导下，在中国特色社会主义制度优越性的充分发挥中，我们每一个中华儿女都会为伟大祖国取得辉煌成就发自内心地感到骄傲和自豪，当然更应该肩负起实现中华民族伟大复兴中国梦的神圣使命。空谈误国，实干兴邦。祖国美好的明天需要我们众志成城，脚踏实地，艰苦奋斗！"有信仰的教师本身就是很好的教学资源，可以将强烈的爱国主义情感和理想信念教育深入学生心田。在执教《诚实守信》一课时，在学生的讨论环节，有学生悄悄说："老师昨天说要去我家里家访的，可是最终没有去，老师不诚信呀！"教师听到后，面对学生和众多的听课教师，微笑着说："老师没能守约，因为昨天晚上加班干工作较晚，没能履行承诺去家访，实在对不起我们的同学，恳请原谅，今天就算天塌下来，老师一定去家访。我们说话做事一旦与别人有了约定就要守约，否则就是不诚信的表现。因为只有说话算数才能得到信任。"学生善意地笑了。教师这种坦诚的态度，自我检讨的情感，不但赢得了学生的谅解、听课教师的尊重，而且也变成了课程引入的教学资源，为教学创设了良好的情境。

④在学生的实践活动中去挖掘富有时代气息的教学资源。

实践是最好的体验，在教学过程中，如果学生缺乏实践活动，是不能形成良好的道德法治行为和实践能力的。因此，实践活动是道德法治教育最好的途径，在教学中要注重学生的实践活动，鼓励学生在实实在在存在的社会矛盾和冲突中去积极探究和体验，通过道德法治践行来促进学生学科素养的提升。学生在实践活动中有丰富的学习资源可以开发和利用。教师应有意识地把课内学习向课外去延伸，更好地拓展教材，充分地利用道德与法治各类教育资源，增加学生学习感悟和体验的机会。

首先，在开展教材中要求的实践活动和主题教育活动中挖掘教学资源。

教师可通过各种活动情境，设计一项学习任务或问题，组织学生在现实的情境中开展活动，让学生获得直接体验的同时，挖掘出具有时代气息的教学资源。如教师在组织学生开展道德与法治教材八年级上册45页《拓展空间》中的实践活动"传承中华诚信美德"的过程中，让学生上网搜集有关诚信的故事、名言警句、古诗文。学生参与的积极性高涨，搜集到全国道德模范——诚信模范，如几十年做公平秤的江玉珍、江远斌姐弟，陪伴为国捐躯的英烈战友47年的老兵艾买尔·依提，用坚强、勤劳、执着践行着报恩诺言的郭俊华等20多个感人肺腑的故事；名言警句如"人而无信，不知其可也""一言之美，贵于千金""信犹五行之土，无定位，无成名，而水金木无不待是以生者"等60多条；古诗词如"若有人兮天一方，忠为衣兮信为裳""海岳尚可倾，吐诺终不移""君子防未然，不处嫌疑间。瓜田不纳履，李下不正冠"等30多首；文言文如《陈太丘与友期行》《送东阳马生序》《出师表》《曾子杀彘》等10多篇。在举行"传承中华美德"班级演讲比赛中，有些学生的演讲词精彩绝伦，耐人寻味。如"社会需要诚信，社会呼唤诚信。诚信是金，它给我们带来温暖的阳光；诚信虽小，只需占据心灵中一个小小的角落，但让我们整个人生倍感温暖；诚信是一股清泉，使人的心灵纯洁且自信，使社会充满信任和负责。朋友们，让我们用至诚至善的心灵去对待我们生命中的人和事吧！""诚信的光芒普照大地，耀眼而璀璨；诚信的胸怀就像是广袤无垠的大地，承载着山川；诚信的壮丽净化着人的心灵；诚信用最美丽、最圣洁的光芒照耀着黑暗，让人追求光明。坚守诚信吧，它让我们问心无愧、心胸坦荡！愿诚信之光永远点亮我们精彩的人生，愿诚信之花绚丽绽放在每个人的生命中！"学生边品读这些教学资源，边反思自己的思想和行为习惯，从活动中汲取丰富的教育养料，充分体现着道德法治教育学习内容的丰富性、途径的多样性、过程的实践性、目标的综合性、效果的思想性。

其次，在学校的校园文化艺术和各类德育活动中捕捉教学资源。

课题组的教师引导学生积极参与学校组织的各种文化艺术活动，比如经典诗词诵读活动，在活动中捕捉爱国主义教育资源，体验、感受中华优秀传统文化的包容力、生命力与创造力，体会中华传统美德的丰富内涵与博大精深，发挥活动对学生心灵的浸润、启迪作用，强化学科素养的形成。校园文化建设和德育活动中都可以生成多样化的教育素材，挖掘出富有时代气息的形象而直观的道德法治教育教学资源。如宣传橱窗中的国家教育方针、优秀教师和好少年的事迹展，期末学科测试中诚信考场的设立，班级小书屋的布置，黑板报，手抄报的编辑，课本剧大赛，"责任与担当"主题演讲比赛，清明节远足活动，感恩父母月活动，禁毒行等等。

（4）从客观、公正、激励性的评价入手，给学生的心理以滋润，促使学生愿意学习，从而激活学生思维，释放学生潜能。

　　课堂教学中，学生始终是学习的主体、课堂的主宰，但是学生的表现存在着较大的差异。作为教师，适时地引导学生对他们的学习态度、学习方式、学习过程、学习效果进行客观、公正、激励性的自我评价，以拉近师生、生生的心理距离，实现师生之间的教学相长和生生间的取长补短，从而真正让学生的潜能释放成为课堂的主要特色，让学生的质疑生成成为课堂的核心价值。从心理学上讲，爱与尊重的需求与生理和安全的需求一样重要。每个人都希望得到他人的关爱、欣赏。因此，从学生正确的评价入手，可以给学生的心灵以滋润，增强其自尊心、自信心，使其不断反思自我、改进自我、完善自我。

　　教学中，既可以对合作小组进行积极评价，如"你们小组的表现确实值得肯定，如果再能从某某方面展开学习活动或回答问题就更棒了！"，又可以对个体进行积极评价，如对回答问题很精彩的学生，不使用"你真棒，你真聪明"等绝对的评价语，而是既认可其潜能释放的独特魅力，又期望他更上一层楼："你的发言让同学和老师茅塞顿开，很有启发意义，但若能从其他的不同角度再思索思索，恐怕就更有创意了！"对于回答错误或回答不上的学生，可以先鼓励后指明方向："老师欣赏你敢于挑战问题的勇气，但你的答案还需要从某某方面进行完善"，"说错了没关系，可以摆出观点看法让老师和同学们评鉴，对你来讲也是促进啊！"同时，要引导小组、学生个人对其他小组或同学进行评价，可以当堂口头评价，如"某某组的答案值得我们组学习的有……，但是我们还想提出……的意见和建议"。也可以课后评价，如从成功和不足两个方面写出书面的意见和建议交给组长或由教师传达，还可以将评价作为重要的教学资源加以开发利用以打动学生的心灵。如执教《责任与角色同在》一课时，如何让学生发自内心地说，从内心深处去树立责任感，这是教学的难点，也是教学的落脚点。教师耗费了大量的工夫和心血，走入学生，贴近学生，基于初中学生逐步扩展的家庭、学校、社会生活，采用学生身边熟悉的生活实例，精心制作了电子相册，让学生从不同视角去观察自己的"岁月静好"是怎么来的。特别是将老师和学生家长对学生在学校和家庭中负责任的举动用平实、感人的语言文字以微信交流的方式展现出来，深深地感染了学生，也感染了每一位听课的人。这样打动心灵的资源为课堂注入了活力，打开了学生回顾生活、反思自我的内心闸门，不但便于学生理解和思考他们的成长离不开身边人的尽职尽责，激发学生对他人的感激之情，更能帮助学生理解尽到责任的重要性，让树立责任的意识不再停留在表面上，而是成为学生内心深处最需要的渴望。让学生树立责任意识，在日常生活中践行责任，自觉承担责任，把知识内化为品德、行为。这样积极的评价体现了对学生学习主体的尊重和关注，让学生内心有被赏识、被激励、被期待的感受，会增加师生之间、生生之间的相互信任感，便于学生师生、生生之间更深入地交流互动，让师生、学生之间相互欣赏、相互学习，让学习过程成为学生自愿的充满享受的过程，让课堂更加和谐。

3. 学生内化学习过程的策略。

道德与法治课是铸魂育人的关键课程。要坚持政治性和学理性相统一：政治引导是道德与法治课的基本功能，要以透彻的学理分析回应学生，以彻底的思想理论说服学生，用真理的强大力量引导学生。要坚持价值性和知识性相统一：道德与法治课重在塑造学生的价值观，当然不能忽视知识性，知识是载体，价值是目的，要寓价值观引导于知识传授之中。要坚持建设性和批判性相统一：要教育学生正确看待、辩证认识、理性分析现实问题，辨明大是大非、真假黑白，在对社会假恶丑现象的批判中弘扬真善美。要坚持问题导向，把学生关注的、有疑惑的问题掰开了、揉碎了，深入研究解答，把事实和道理一条条讲清楚。要坚持理论性和实践性相统一：要高度重视道德与法治课的实践性，把道德与法治小课堂与社会大课堂结合起来，在理论和实践的结合中，教育引导学生把人生抱负落实到脚踏实地的实际行动中来，把学习奋斗的具体目标同民族复兴的伟大目标结合起来，立鸿鹄志，做奋斗者。要坚持统一性和多样性相统一：要因地制宜、因时制宜、因材施教，把教育部统编人教版教材作为依据，确保教学的规范性、科学性、权威性，同时也不能照本宣科。要让不同类型的学生都爱听爱学、听懂学会，在教学过程中通过多样化探索，通过多种方式实现教学目标。坚持主导性和主体性相统一：道德与法治课教学离不开教师的主导，同时要坚持以学生为中心，加大对学生的认知规律和接受特点的研究，发挥学生主体性作用。运用小组研学、情景展示、课题研讨、课堂辩论等方式教学，让学生来讲，这有利于发挥学生主体性作用。教师要做好画龙点睛工作，加强引导和总结提炼。坚持灌输性和启发性相统一：灌输是马克思主义理论教育的基本方法。让学生接受马克思主义，离不开必要的灌输，但这不等于搞填鸭式的"硬灌输"。要注重启发式教育，引导学生发现问题、分析问题、思考问题，在不断启发中让学生水到渠成得出结论。只有打好"组合拳"，才能讲好思政课，但无论"组合拳"怎么打，最终要落到把思政课讲得更有亲和力和感染力、更有针对性和实效性上来，实现知、情、意、行的统一，叫人口服心服。其实，能够做到这些，就是在道德与法治课堂中内化过程的教学策略的体现，同时也体现了学生核心素养形成的发展的过程。我们课题组主要围绕转变学生学习方式、灌输与启发相统一、信息技术在道德与法治学科教学中对学生发展的促进三个策略层面展开研究。

（1）从学生学习方式的改变入手，以学生探究为课堂的主要学习方式，综合运用互动式、体验式、启发式等教学方式来促进学生自主、合作、探究学习。

①教师解读课程标准，指导学生研读教材，制定与学生自己学科知识背景和能力水准相吻合的学习目标，同时做好充分的课前预习。

　　教学目标的制定以学生为中心，要让学生围绕一定的教学目标进行学习，因此每堂课的教学目标必须明确、具体、可操作，还要便于落实和检测，用准确行为动词。

　　如在进行《让家更美好》这一课的教学时，我们课题组经过反复商讨，制定了如下的教学目标：一是了解家庭结构的演化和现代家庭的特点，了解家庭成员在交流和沟通方式上逐渐发生的变化；二是掌握创建和谐家庭的方法与技能，促进代际之间的交流与互动，提高传承中华家庭文化传统美德的能力；三是认识到家庭文化建设、家庭美德建设、建立和谐亲子关系、营造和谐家庭氛围的重要性，认同家和万事兴的家庭文化观念，增强构建和谐家庭的责任意识，树立家庭责任感，树立共建共享家庭美德意识。

　　上述教学目标其中的行为动词"了解特点、变化""掌握方法技能""认识重要性、认同观念、增强责任意识"等比较明晰，教学目标的设计比较全面，对学生学习水平的要求符合学生的学情，让学生做什么，做到什么程度，怎么做一目了然。只有教学目标明确了、方法得当了，课堂上才能像放风筝一样，既放得开，又收得拢，从而内化学生的知识，培养学生的能力，提升学生的情感态度价值观，完成教学目标，提高教学效率。要把课堂放给学生，充分体现学生的主体地位。同时要关注到"学生认知"，学生学习目标的制定才有针对性和实效性。学生课前预习有效，才能支撑课堂的"深度学习"。比如在学习九年级上册第六课《建设美丽中国》时，按照课程标准"认识国情、爱我中华"中的课程内容和活动建议，针对学生普遍存在的浪费纸张水电、不进行垃圾分类、攀折花木、践踏草坪等不良生活习惯，以及对我国人口、资源、环境总体形势和国家发展道路、发展方式陌生的"认知"，在教师的指导下，学生进行课前预习，确立了如下的学习目标。一是我国的人口、资源、环境的现状（特点及挑战）是怎样的。二是这样的现状给我国经济社会带来了哪些影响。三是造成这些现状的原因是什么。四是国家采取了什么措施去解决。五是采取措施后取得了什么成效。六是作为公民我们能为人与自然和谐共生，共筑生命家园做些什么。回答问题的过程中，学生积极发现并提出问题，为学生挖掘潜能、内化过程奠定了坚实的基础。

②让真正有效的小组合作推动学生深入探究学习。

教育部统编道德与法治教材做了很大调整，与学生生活实际联系越来越紧密，但还有一些抽象的观点和内容。如果完全靠老师讲授，学生的学习积极性就难以完全调动，而通过合作，不仅能转变学生的学习方式，变被动为主动，调动学生的学习积极性，增强学生的主体意识，提高学生的课堂参与度，促进学生间、师生间更加充分地交流互动，而且能够开拓学生的思路，推动学生深入探究学习，从而发展学生的思维，提升学生的认识，把抽象的东西具体化，把枯燥单调的理论说教变成生动的生活经验。

在执教七年级上册《感受生命的意义》一课时，教师为了让学生能够从日常的生活和学习中寻找、发现、领悟并进而归纳生命的意义，以6人为单位将全班学生分成8小组，要求各小组快速推举出主持人、记录员、纪律控制员各1名，观点补充员3名。然后提出各小组的任务：看哪一小组说出的意义最多，结合的事例最有启发性；每组根据记录，至少总结出4个最重要的意义。随即，各小组行动起来，围成一个圆坐在一起，在主持人的安排下，有条不紊地讨论。只见，发言的同学依次进行，其他的同学认真地倾听、思考，记录员在不停地记录着，当讨论的声音太大或是有人想打断别人的发言以及不认真听时，纪律控制员及时地提醒。教师则深入到每一个小组去发现问题、解决问题：对于活动开展顺利的小组及时地表扬或拍拍学生的肩膀，示以赞许鼓励的目光；对于讨论偏离主题或是有困难的小组，教师给予指导和提示，尤其是留意那些性格内向、学习有困难的学生。公开交流时，各小组积极发言和补充。有的同学结合自己努力战胜困难获得进步的体验，来告诉同学生命的意义就是用它的所有力量努力使自己茁壮成长；有的同学举每天早晨早早起来锻炼身体、读英语的事例，来说明生命的意义在于实现自己的身体健康目标、学习目标；有的同学举自己的爷爷奶奶与病魔顽强斗争笑对生命的事实，来分析生命的重要意义在于坦然地面对生活中的挫折，有一种"也无风雨也无晴"的恬然；有的同学则列举父母、亲人、朋友对自己付出爱心的感人瞬间，来阐述生命的意义在于承担责任；还有的同学通过自己参加志愿活动而被认可的故事，来剖析生命的意义在于为社会为国家做有益的事；更有一些同学以自己参加青少年科技大赛、经典诵读、课本剧大赛等取得的成绩，提醒同学们生命的意义在于不断创新、创造。在小组汇报的过程中，教师让汇报的学生简单地陈述一下这些观点是怎么总结出的，小组中谁的贡献最大，然后其他小组简单地给个评语，最后教师简要地点评并适时进行了提升总结："同学们，能够活出自己的人生，实现自我价值，这样的人生是值得的；看到别人的需要，付出自己的爱心，无论事情的大小，都承担自己的责任，这样的人生是值得的；将个人追求建立在国家、民族甚至是人类共同需要的基础上，这样的人生是值得的。成功的大门向来是朝着每一个人敞开的，能否踏进成功的大门，在很大程度上并不取决于其智力的高低和客观环境的好坏，关键要看我们是否能把握好生命的意义。明确生命的意义，是我们克服干扰、战胜挫折、实现人生目标的重要保障。同学们，为了我们的成长，为了让我们的生命无悔，请让我们选择有意义的生命吧！"

从这节课来看，教师在任务活动之前明确地提出了任务的要求以及步骤和操作的具体模式，还采用了常见的6个人一小组的分组形式，分组时综合考虑性格特征、能力大小、学习成绩、勤奋程度、人际关系等差异，力求将学生科学搭配。为了对小组成员进行激励，教师给每个小组取了有内涵、有奋斗目标的名字，如"乘风破浪组""面壁破壁组""三省吾身组""好学深思组""学而不厌组"等。小组长通过小组讨论、民主选举的方法产生，这种选举办法更人性化，也更能与现实生活贴近，还有时间、分工、管理上的要求。这样，教师把任务总体说明后，再由小组组长下达组内任务到组员，做到层层落实、环环相扣，时间损耗低，没有不必要的合作环节。学生知道自己什么时候该干什么，活动时有的放矢，会有一种紧迫感，自觉提高速度，排除干扰，提高活动的效率。学生因为人人都有事可干，就避免了对他人的依赖，管理上的要求能保证整个课堂活而不乱、动而有序，保证了任务的顺利完成。当然，组内的角色不是一成不变的，一段时间后，教师根据学生的发展情况进行调换，还可以进行重组。重组时，教师特别关注那些学习困难或有心理偏差的学生，确保其自尊心的维护和自信心的建立，争取不让学生掉队，从而激发学生主动合作的热情，形成合作的良好氛围，使学生期待新的合作机会的愿望比较强烈，并能够在课堂上保持始终。当然，要让合作有效，教师设置的合作学习内容应是有意义、有价值的，是非合作学习或个人学习不能完成的。比如法治教育中的模拟法庭方案设计、本地企业的发展现状调查、课堂法律情景剧的表演、某些法律案例的分析研判等。在学生活动的过程中，教师以学生和学生学习合作者、指导者的身份参与到学生的活动当中，既当"导演"，又当"演员"，及时收集反馈信息，对学生的讨论活动进行控制，辅导学生正常开展交流，保持学生讨论的积极性。同时，教师还增加了评价的环节，除了对学生的发言结果和大家合作的效果的简单点评以外，还增加了学生之间的互评。其实，学生在小组中的反应才是最真实的，最了解小组成员的共同参与度和大家的贡献率，这也达到了小组成员之间互相牵制的目的，能够提高讨论的效率，在很大程度上激发学生参加小组合作学习的激情，发挥学习共同体的创造性。这些具有改革精神的评价方式突破了传统的教学评价，形成了组内成员合作、组间成员竞争的新格局，使得整个评价的重心由鼓励个人竞争转向小组合作解决问题，体现了新课程"不求人人成功，但求人人进步"的理念，让学生尝到了学习收获的甘甜。最后，教师画龙点睛地进行总结归纳和提升拓展，将学生的思维和情感引向深入，促使学生探究学习的深入，保证了合作的有效性。

③引导学生将教材内容与生活紧密联系，在亲身体验与感悟中获得道德真知，提升法治素养。

《义务教育思想品德课程标准（2011年版）》指出："情感体验和道德实践是最重要的学习方式。教师要善于利用并创设丰富的教学情境，引导和帮助学生通过亲身经历与感悟，在获得情感体验的同时，深化思想认识。教师还要为学生提供直接参与实践的机会，提高他们道德践行的能力。"因此，在教学方法的设计上，体验式教学法对学生学习方式的转变作用不可小视，如执教七年级上册《增强生命的韧性》一课时，教师让学生阅读106页《探究与分享》的材料后，问学生：面对挫折时，你有哪些感受？你会采取哪些行动？结果回答的学生寥寥无几且只是照搬教材107页中的知识。二次备课后，教师调整了设计，先蒙住一名学生的双眼，将学生书包里的书全部散落在桌上，有的还塞在桌子底下或放在不同的柜子里，然后让学生从座位上慢慢地站起来，摸黑走到讲台上，将书整理到书包里。这名学生做得异常艰难，后来在旁边同学的不断提醒和帮助下，这名蒙眼的学生终于成功地将书包整理好。最后教师采访了这名学生，让他谈谈失明后做事的感觉，做成功后的感觉。学生谈得很深刻，对其他学生的心灵震撼很大。此时教师让学生再谈面对挫折时的感受以及会采取的行动时，学生因为有了体验，所以发自内心地感受到了挫折给人带来的失落、焦虑、难过等负面情绪，真正内化了学习过程。这个情境所达到的教学效果是讲授法所达不到的。因为面对挫折发掘生命的力量，更多的是心理和能力层面的要求，不是讲解几句孩子就能有抗挫折的心理和能力的。课上当教师问学生：你能正确面对挫折增强生命的韧性吗？很多学生都能对照教材109页说出种种方法，但果真如此吗？模拟真实生活情境，让参与表演的同学直接体验，没有表演的同学间接体验，在这个过程中提高了认识，提升了能力和情感态度价值观。情境体验确实具有其他教学方式所不具备的功能，在体验式学习过程中，学生不仅仅用自己的脑子去想，而且要用自己的眼睛去看，用自己的耳朵去听，用自己的嘴去说话，用自己的手去操作，用自己的心灵去感悟，这不仅仅是对知识的理解，还使学生在亲身经历中实现对知识、能力、情感和态度价值观的认同和内化。

学生的亲身经历和感悟是获得道德真知与提升法治素养的重要途径。教师在使用教材时，要引导学生密切关注教学内容与学生生活的关系，特别是学生的家庭生活、学校生活、社会生活与国家和本地区经济社会发展的联系，关注学生的已有的社会生活经验。同时，要注重教师与学生、学生与学生、学生与家长、教师与家长积极互动、共同发展，特别是要注重培养学生学习的独立性和自主性，培养学生主动参与、乐于探究的意识，搜集和处理信息、获取新知识、分析和解决问题、交流与合作的能力以及反思自己学习状况的能力，引导学生质疑、调查、探究和反思，在学习中实践、实践中学习，使学生在教师的指导下主动而富有个性地学习。如《运用你的经验》就是要通过生活化的情境激发学生学习的愿望和兴趣，引导学生质疑、思考，产生"我要知道是什么""我要学这一部分知识"的念头。《探究与分享》栏目既要求学生自主学习，又提倡学生分享，即与教师分享，与同学分享，与父母分享等，让学生交流合作的能力得以彰显。《拓展空间》要让学生动口、动手、动脑，在分析、解决问题的过程中，在诸多的实践活动中，增强了对心理健康、道德法治与国情知识的认识和理解，在爱国主义、集体主义、社会主义、中华民族传统美德、革命传统、民主法治等教育中体现社会主义核心价值观，增强了道德与法治学科的针对性和实效性。

④巧妙设问，让学生在主动学习和深入探究中获得发展和成长。

启发式教学的关键在于巧妙设问。设问讲究的是技巧，更是一门艺术。设问巧妙，可以激活学生思维，达到真正理解知识、运用知识和感悟真知的效果。如在执教七年级上册《爱在家人间》一课中"爱的碰撞"内容时，教师首先对学生来了个小调查："从记事至今，从没有与父母发生过争吵的人有没有？进入中学后，父母对我们说的最多的话是什么？对这些话你通常有什么反应？"课堂气氛一下子活跃起来，特别是在回答对父母的话有什么反应时，学生积极发言，他们的回答中有抱怨父母管得太多、太严的，有嫌父母整天唠叨个不休，实在太烦的，有诉说父母神经兮兮对什么事都太敏感，不理解自己的，也有少数学生认为父母对自己是真正关心的，对父母顺从。这样的问题将学生引入家庭生活，关注到学生的切身感受，学生当然有话可说了。而且，教师还能从问题的回答中侧面了解学情，为后面学生逆反心理的表现、危害及如何架起子女与父母沟通的桥梁等内容的学习奠定坚实的基础。因此，问题贴近学生的生活、贴近学生的实际，能解决学生存在的矛盾、困惑，能对学生进行有效的心理、行为引导，促进学生的真正发展，实际上就体现着以学生为中心。还比如执教《让家更美好》时，在播放完视频《父子冲突》《父母悄然留下信回老家了》两个视频后，教师抛出问题：视频中的家庭冲突和矛盾是怎样产生的？请结合视频，运用教材85页的《方法与技能》谈谈你如何化解家庭矛盾，为和谐家庭出力。这样的问题设置巧妙在不是让学生得出85页教材中《方法与技能》栏目的结论，让学生停留在表面上，而是让学生运用教材知识在具体情境中去分析和解决家庭问题。学生积极投入到合作与探究中，结合自己的家庭实际，针对视频中家庭成员化解冲突矛盾过程中怎么做积极地建言献策。在这个过程中，学生对家庭中不同的人有着不同的价值观念和生活方式，缺乏理解、信任、体谅、包容是家庭矛盾和冲突产生的主要原因等知识有了深入的了解，对在具体的矛盾和冲突情境中如何充当"黏合剂"有了更清晰的切实可行的操作方法，培养了自己的协调能力，真正内化了学习过程。

（2）将灌输与启发相统一，让学生做到真学真懂真悟。

有些复杂、抽象的概念或观点，如国情国策部分中的国家强制力、违法犯罪、司法保护、正义、公平、世界多极化、经济全球化、生产力、主要矛盾、经济发展新常态、改革开放、可持续发展、民族区域自治制度、人民代表大会制度、基本经济制度、共同富裕、全面建成小康等，如果让学生完全地自主学习甚至是合作学习也不可能达到预期的目的，甚至是出现假自主、假合作的状况，即教师询问学生时，表面上学生都说知道了，甚至靠死记硬背说得头头是道，但实际上学生并不理解，不会运用知识去分析和解决问题，更没有从内心深处认可正确的观点。这是一种假学、假懂、假悟。因此，教师有必要采用灌输法。还有的内容学生可能理解起来比较困难，特别是一些比较相近或相似的概念、观点，如刑法和刑罚、秩序和规则等，怎样让学生比较、鉴别、理解，也需要教师的灌输。当然，灌输是有技巧的，需要教师有深厚的专业素养、文化底蕴和接地气的智慧，需要将灌输与启发相结合并统一起来。

如在教学九年级上册《延续文化血脉》一课时，针对学生不易理解的教材第60页内容："中国特色社会主义文化，源自中华民族五千多年文明历史所孕育的中华优秀传统文化，熔铸于党领导人民在革命、建设、改革中创造的革命文化和社会主义先进文化，植根于中国特色社会主义伟大实践"，围绕"月文化"，以学生从小学、初中到高中阶段所学的关于"月"的古诗词引导学生。从小学所学的"床前明月光，疑是地上霜""春风又绿江南岸，明月何时照我还"，到初中所学的"峨眉山月半轮秋，影入平羌江水流""我寄愁心与明月，随君直到夜郎西""长沟流月去无声。杏花疏影里，吹笛到天明"，再到高中将要学的"醉不成欢惨将别，别时茫茫江浸月""行宫见月伤心色，夜雨闻铃肠断声"等，来挖掘中华优秀传统文化的艺术魅力，说明优秀传统文化的源远流长和博大精深，理解"根"是对文化力量的借喻和对文化品格的自我认同，让学生理解"孕育"的真正内涵。同时，围绕"月文化"，教师分别以毛泽东诗词《贺新郎·别友》中的"今朝霜重东门路，照横塘半天残月"，以及《水调歌头·重上井冈山》中的"可上九天揽月，可下五洋捉鳖，谈笑凯歌还"，展示了革命文化及社会主义先进文化的家国情怀和所蕴含的催人奋进的力量，让学生理解"熔铸""植根"的真正内涵，理解文化是一个国家、一个民族的灵魂，增添内心深处的文化自信和自豪。此时教师启发和灌输的辩证关系处理是恰到好处的，因为既关注了学生过去和现在的知识积累，又关注了学生所没有的阅历、经历和知识积累的实际。此外，我们的学生仅仅是初中学生，他们的年龄尚小，阅历和知识都欠缺，正是独立性和依赖性并存交错的时期，对很多问题的认识仅仅停留在感性认识的层面上，对有些问题的认识很模糊甚至是片面的或错误的，他们还喜欢在课堂上对产生分歧的观点争论不休。而对于道德与法治课来说，立德树人是教师首先关注的目标，政治认同是首要的核心素养，教师需要在课堂上利用一切机会渗透情感、态度、价值观的教育，让学生有积极的情感、端正的态度和鲜明的政治观点。因此，教师准确而适时地讲授、总结、提升尤其重要。

比如张玲老师在《让生命之花绽放》一课中总结时提到：同学们，我们任何情况下都要珍爱自己的生命，千万不要轻易地放弃自己的生命。这时，有名同学突然说："老师，您的意思就是像董存瑞这样的革命英雄就不应该去炸碉堡，因为他要珍爱自己的生命啊，炸碉堡那不明摆着去送死吗？"此时，教师反问："面对突如其来的灾祸，张丽莉老师奋力推开四名学生而被碾压在车轮下，你认为她不珍爱自己的生命吗？"学生摇了摇头。"对呀，在当时的紧急情况下，董存瑞、张丽莉的行为保全了多数人的生命，正是对生命的尊重和珍爱啊！况且当时他们也没有时间去考虑那么多，因为他们的行为如果稍稍延迟那后果是不堪设想的，也是他们所不愿见到的，相信有爱心的你当时也会这么去做的，对吗？"学生会心地笑了。此时，教师关注了学生错误的认识并及时地纠正，在启发的基础上灌输，不但抓住了课堂上生成性的资源，而且对学生进行良好的思想道德和价值观及政治认同教育，起到了春风化雨的作用。当然，灌输要想发挥其魅力，对教师的要求是很高的。教师讲的内容要具体、生动，语言要精练、准确、幽默、风趣、通俗、形象、活泼、艺术、逻辑性强、富有启发性。灌输时要贴近学生生活实际，贴近时代，重点突出，层次清楚，详略得当，娓娓道来，善用手势、眼神、动作等体态语言，要充满激情，抑扬顿挫，把情感融入教学语言之中，形成独特的讲授风格。比如在补充讲解改革开放以来百姓"住"的变化时，教师用了宁夏的方言："三室两厅多宽展（宽敞、大），塑钢门窗不怕闪（变形），地面铺的是豪华砖，房子装修得赛宾馆。"既通俗形象，又风趣艺术（押韵），贴近生活和时代，引起了学生的兴趣。同时，让学生切实地感受到了身边的变化。在分析隐私权时，教师拿了个信封神秘地问学生："知道这是什么吗？"学生摇了摇头。教师很小心地从信封中抽出一个红色的本说："这是我们班某位同学家的房产证。"学生很惊讶。教师将信封放在讲台上，用两盒粉笔压住："你们一定很奇怪老师是怎么得到的？"学生点了点头。教师的手指向一名同学："我是从他家里直接拿的。"学生笑了，一齐将目光投向了教师的外甥。教师手一挥："这是我征得了姐夫和姐姐同意后拿来当教具的。假如我现在把房产证中所有的信息都念给大家听，会有什么严重的后果？如何才能避免这种后果？"在学生回答的基础上，教师坚定地说："隐私权，是指公民依法享有私人生活安宁和私人信息保密的权利，无论任何人，哪怕是最亲近的人，也不能侵犯！"这样富有启发性的灌输，就是基于学生生活中的场景，借助语言、神态、动作等体态语言，层层深入地让学生理解了隐私权的内涵和尊重的意义和方法。

在执教七年级上册《让家更美好》一课时，在看完视频《爱的发觉》中父母微信聊天谈及自己为家庭辛苦打拼时的辛酸、疲惫，父母在屏幕前对孩子的关切、爱护和期望的真情表白，父母从年轻慢慢变老的过程后，教师眼含泪水，低沉而深情地说："当年，我的母亲为了能让儿女早上到校安心地学习，每天天不亮就起床去做热气腾腾的面条，不论春夏秋冬，也不论刮风下雨，从不间断；我的父亲为了供我们上大学，起早贪黑，劳累过度，以致后来双腿不能行走，度日如年。这种恩情，我就是粉身碎骨，也难报万一啊！同学们，也许你们并不知道，你们眼中坚强、乐观、轻松的父母，可能已经承受了太多太久的生活压力。你们其实并未意识到，在你们烦透了的唠叨里，饱含着的却是无限的深情。终有一天，你那年轻貌美的妈妈、身强力壮的爸爸会变老，变得需要依靠你们。那么，此刻的你，有什么想对爸爸妈妈说的呢？请写在老师发给大家的卡纸上。"学生被教师的真情深深地感动，在写给父母的话语时，有的学生早已泪流满面，教室里传来一片学生的啜泣声，那是学生投入真挚情感、发自肺腑地回味和反思，这种情感浓烈的灌输带来的教学效果是可想而知的。

（3）将信息技术和道德与法治学科深度融合，实现"互联网＋"背景下素养培育的新探索。

伴随着"互联网＋教育"的发展，以省为单位免费使用、面向全学科全学段的"教育云平台"逐步建设和完善，各级各类学校均能以不同方式接入网络，学校的教学班配备了多媒体教学设备，初步形成"课堂用、经常用、普遍用"的信息化教学新常态，支撑教育发展的信息化基础环境趋于完善，信息技术与学科教学深度融合的基础设施条件具备。充分利用互联网技术和思维，促进信息化条件下教师角色转型、课堂教学结构变革，成为当前推进"互联网＋教育"内涵式发展的重要内容。以互联网为代表的现代信息技术，具有突破时空限制、快速复制传播、呈现手段丰富、交互性强的巨大优势。其海量的信息，为思政课提供了近乎无尽的教学资源；其直观、生动、真实的呈现方式，更易于感染学生、赢得学生。2019年，中共中央、国务院印发《关于深化新时代学校思想政治理论课改革创新的若干意见》，对新时代思政课以信息技术为创新要素促进改革创新提出明确要求，要"大力推进思政课教学方法改革，提升思政课教师信息化能力素养，推动人工智能等现代信息技术在思政课教学中应用"。面对教育发展的新契机，依托"互联网 +"助推道德与法治课改革创新，从根本上突破说教、灌输的顽症，创新思政课教学方式，提升教学效率，引导学生学会学习，走向深度学习，培育学生发展的核心素养，是思政课教师的必然选择。根据《中共中央　国务院关于深化教育教学改革全面提高义务教育质量的意见》，义务教育要"注重启发式、互动式、探究式教学"，"融合运用传统与现代技术手段，重视情境教学"，"探索基于学科的课程综合化教学，开展研究型、项目化、合作式学习"。教师通过创设真实的教学情境，通过生动、深入、具体的纵横比较，给学生深刻的学习体验。课题组教师在如何借助现代信息技术实现初中道德与法治课的教学改进，实现教学效果的提升方面研究的策略如下。

①结合学科和学生的认知特点，实现多媒体信息技术和道德与法治学科教学的整合。

如教育部统编道德与法治教材有许多心理、道德和法治教育的内容，有些话题是十分敏感的。结合这一特点，传统的说教、探讨方式很难深入触及学生内心，而利用多媒体信息技术中的网络平台却能挖掘到意想不到的鲜活素材，为课堂的顺利开展提供重要的教学资源。如在学习《和朋友在一起》《青春的心弦》《网络生活新空间》《师生之间》《亲情之爱》这几课内容时，课堂上让学生说青春的烦恼和困惑，说自己与朋友、家长、教师交往的过程中出现的磕磕绊绊，学生从内心深处有所抵触，因为这涉及个人隐私，所以学生大多不情愿说，即便说也净挑一些无关痛痒的内容说，并没有发自内心的感受。教师就让学生加自己的 QQ 号或微信号，让学生有空与教师在线私聊，这样在虚拟的环境下，学生便没有什么顾虑，积极投入到与教师的交流之中，参与度非常高，往往一有触及到自己心灵的真实话和事，很多学生便进行评论或点赞。这样教师便知晓了学生真正的想法，了解到了学生青春期的困惑及在与朋友、同学、老师和父母交往中普遍存在的问题，然后教师围绕学情有针对性地进行教学设计，把QQ和微信中学生与教师交流的内容截屏展现在电子白板课件中让学生合作学习，展开讨论。学生参与的积极性特别高，课堂中时不时迸发出创造的火花和深刻的认知，特别是最后在谈到与朋友、同学、老师、家长的矛盾和冲突的解决办法时，很多学生竟然泣不成声，表达了课后就要沟通的意愿。符合学生"口味"的教学使得课堂成为学生主动展现和释放学习能力的平台，学生有机会交流对同伴有启发意义的独特见解，能够主动挖掘自己以前没有呈现出的能力，而且呈现出的学习能力超出了学生自己、同伴和教师的预期，使课堂富有独特魅力，真正促进了学生的发展。

教材法治部分的教学主要借助案例，而《今日说法》《法制在线》《焦点访谈》《法眼观察》等节目及"学习强国"等网站中那些来自现实生活的热点视频案例很真实，也很有吸引力和说服力。如在教学《法律在我们身边》《法律伴我们成长》《做守法的公民》这几课时，教师将从网络中搜集到的《广场舞不再扰民》《43名儿童缘何由上不了学到最终重返课堂》《这些留守儿童终于得以呵护》《屡屡不止的校园欺凌一定会终止》等视频进行再制作和加工，这样贴近时政、贴近学生生活和社会实际的正面案例影像资料，使枯燥的法律知识变得生活化、生动化和趣味化，触动学生的心灵，不但能给学生道德观、法治观和价值观的形成带来真实的、鲜活的感受，让学生学法、知法、守法、用法，而且还会有意识地去关注电视、网络中有关法治的内容和素材，实现法律教育内化于心、外化于行的目的。其实，这也是在培养学生核心素养中学会学习、健康生活、责任担当、法治意识的基本素养。我们课题组借助网络，将近些年来的"感动中国年度人物""道德模范""最美孝心少年""时代楷模"事迹视频全部下载下来，并且利用信息技术进行了再加工和制作，在教学时信手拈来，带来了很好的教学效果。

②根据自身的教学需要实现信息技术在道德与法治学科教学中的整合。

伴随着网络的快速发展，信息技术与学科教学的整合普及得很快，网络中的教学资源特别丰富，尤其是多媒体课件和各类微课资源。虽然道德与法治这门课程刚开设了几年，但每一课在网上都能找到相关的教学资源。教师在下载选用他人的课件或微课资源时，不要只注意表面上的精美，在课堂教学中只将课件的作者改成自己的名字，毫无思考地随意拿到课堂上使用。一定要结合自身的需要创造性地、个性化地加工使用。特别是其中教学资源的选择要紧紧围绕教学目标，以学生为中心，有效地突出重点、难点，重视知识的拓展和迁移及学生能力的训练和培养，把转变学生学习方式、内化学生学习过程作为教学的关键环节。如在学习七年级下册《青春飞扬》这一课时，教师对从网上下载的原课件进行了加工，利用手机拍摄了这样一段视频插入课件并放在学校网站的资源库中：6岁的女儿小萱萱在床上翻筋斗，妈妈问她为什么翻，小萱萱回答是在刻苦训练，以便将来能成为像景海鹏、陈冬、王亚平那样的宇航员，在太空中看月亮、看星星、做有趣的科学实验。上课时，当教师播放这段视频时，学生以及听课的教师都觉得亲切而感动，并震惊于这么小的孩子居然能有如此的梦想。当教师提出问题："青春是个多梦的季节，结合视频说说你有什么梦想？快来畅谈你的青春梦想吧！"学生一下子打消了怕梦想幼稚会让同学嘲笑的顾虑，争先恐后地结合小萱萱的梦想谈自己的梦想及为什么会有这样的梦想，谈得真实而且深刻。多媒体信息技术与课堂教学有效整合，增强了教学的趣味性和生动性，唤起了学生课堂学习和表现的欲望，给学生一个表达展示自我梦想的舞台，让学生对青春充满希望，鼓励学生为梦想勇敢追逐，从而为实现中华民族伟大复兴这一中国梦做好积淀。很好地突破了青春是个多梦的季节，青春因有梦想而美好这一教学重难点，对学生进行了政治认同、健全人格、责任意识核心素养的培养，以及正确情感、态度、价值观的引导，让课堂成为一种享受。

　　道德与法治课是新的课程，时政性很强，需要教师在吃透《义务教育思想品德课程标准（2011年版）》和《青少年法治教育大纲》的基础上，充分发挥多媒体信息技术的强大功能，利用网络及时地更新自己的知识，每天结合教材内容不断地从网络中开发出新的教学资源，为课堂教学不断地注入新的源头活水，让这门课永远充满着生命力。

　　③用好微课资源，促进学生更好地学习。

　　目前，微课资源的开发利用成为新课程改革中提高课堂效率、促进学生更好学习的一种符合时代特征的新型教学资源。"微课"广义上是指围绕某个课题或知识点而展开的、利用碎片化的教学资源、以短小精悍的在线视频为形式的解说或演示；狭义上则是指为满足学习者的个性化学习需求，依据课程标准，以微视频为主要载体，有明确的教学目标，针对某个学科知识点或教学环节，经过精心的信息化教学设计，开展的简短、完整的教学活动。它的作用主要有以下几点。

　　首先，能激发学生兴趣。微课的核心资源是微视频，它以一种新媒体形式，凭借其形象性、趣味性、新颖性，极大地调动了学生学习的兴趣，使学生的学习化静为动，化抽象为具体，化呆板为生动，从而提高学习效率。其次，能促进学生自主学习能力的培养。教师把学生学习中的重点和疑难问题制作成微课，作为传统课堂学习的一种重要补充和拓展，上传到网络，为学生提供了自主学习的时间和地点，既可以查漏补缺、强化巩固知识，有针对性地解惑、启惑，又能调动学习者的学习积极性。再次，能满足学生个性化学习需求。由于视频可以反复播放，而且视频播放快慢具有可调性，可让不同程度的学生根据自己的基础和接受程度观看视频，从而更好地满足了学生对不同知识点的个性化学习，较好地解决了学困生的转化问题。我们子课题组在课题实施过程中，借助希沃等多种技术手段和软件制作微课作品。如教师的微课《国家尊重和保障人权》，是一节以知识讲解为重点的微课。微课教学时间短，时长6分49秒，符合学生的认知特点和学习规律。资源容量小，只有33.6兆，视频格式是支持网络在线播放的MP4流行媒体格式，学习者可流畅地在线查看学习资源，也可灵活方便地将其下载，保存到笔记本电脑、手机、MP4等终端设备上，实现移动学习。微课设计、制作、讲授精妙，内容选择精细，制作精巧、完整，教学活动精彩，有音乐背景，有对知识的讲解，有图片及文字的解释，有导入、讲授、故事感悟，有与学生的互动，还有知识的小结，呈现出真实的、具体的典型案例的教与学情景。内容虽少，却是完全的、精心的信息化教学设计，具有交互性，教学形式灵活，不仅能激发学生学习兴趣，而且令学习者难忘。而另一节微课《中华文化根》，则侧重于情感、态度、价值观的提升和中华优秀传统文化的浸润，以古典音乐为背景，时长6分43秒，分别从诗词中的月文化、邮票中的建筑文化、对联中的节日文化、红色旅游中的革命文化、家喻户晓的美食文化五个层面给学生心灵以中国特色社会主义文化魅力的润泽，调动学生多方面感官，让学生直观而深刻地感受中华文化独一无二的理念、智慧、气度、神韵，增添学生内心深处的文化自信与自豪，产生崇尚中华优秀文化，不断铸就中华文化新辉煌的强烈愿望。

　　④以有效教学为目的，合理、适时、适度地将信息技术和道德与法治学科整合。

　　《义务教育思想品德课程标准（2011年版）》指出："合理利用互联网等传播媒介，学会理性利用现代媒介参与公共生活；提高媒介素养，能够积极适应信息化社会。"这里的合理就是要求教师和学生都要注重提高自身的信息技术素养，适时、适度地用好信息技术资源和信息技术手段，以提高上课质量，真正使信息技术成为课堂教学的有效辅助手段。教师如果完全依赖于手段，不去提高自身现代化教育素养，适应学生学习方式的转变和学习习惯，那么，信息技术资源和手段便很难融于教学之中。资源选得不好或信息技术手段运用生疏，课堂上有时也会手忙脚乱、耽误时间、弄巧成拙。有效教学要突出学生在课堂教学中的收获，这就要求多媒体信息技术与学科教学的整合要依据学情，把握好时机，做到适时。既要利于课堂的生动和趣味，又不能忽略学生课堂上正确态度价值观的引导和培养能力的主体作用。所以教师在教学设计时要用心琢磨、反复思考，充分考虑到：信息资源哪些地方该用，哪些地方不该用；哪些先呈现，哪些后呈现；如何去激发学生的学习兴趣和学习动机，调动学生的情感，利于学生在独立思考和合作学习中去答疑解惑。

如在学习七年级上册《增强生命的韧性》这部分内容时，教师面对的是家庭生活条件优越，承受挫折能力不强，意志力较为薄弱的学生。而且，上初中后学校对学生进行了军训并召开了秋季运动会，军训和运动会的过程中很多学生的表现也让父母、老师和同学感动。同时，挫折又属于心理学的范畴，学生理解起来有困难，教学如果不深入学生的心灵，很难起到战胜挫折、发掘自身生命力量、培养坚强意志品质的作用。于是，教师在一开始的教学中播放了自己制作的一段学生军训和运动会生活片段的音乐相册，让学生在美妙的音乐声中重温了那段苦涩、紧张、难忘、有趣而又甜蜜的生活，对同学们在军训和运动会中表现出来的不怕烈日、不惧风雨、不服输、正确面对挫折、顽强拼搏等意志品质有了深入的感受和认识。随后，为了调动学生学习的积极性，教师设置了"鲜花送给谁"的教学活动，选择了"感动中国年度人物"孝女孟佩杰、女排教练郎平、航天英雄景海鹏、诺贝尔生理学或医学奖获得者屠呦呦，让学生拖动电子白板上的鲜花到四个人物的怀里。学生参与的积极性很高，熟练地使用电子白板上的各种工具，充满激情地讲述给这些人送鲜花的原因。然后教师很熟练地从资源库中调出这几个人在挫折和困难面前所表现出来的意志品质，让学生真正理解了什么是挫折、为什么要战胜挫折、如何发掘自身的生命力量、如何培养坚强的意志品质这些教学的重难点。这样的呈现和运用层层递进，将抽象的知识生活化、形象化、直观化，能启迪学生的思维，点燃学生的探究欲望，让学生明确探究的方向，解决了学生学习中的困难。当然，如果信息技术和信息资源仅仅为了表现教师的教学技能和渲染课堂氛围而随意使用或过多滥用，那就只能成为装点课堂门面的花架子，所以运用要适度。

4. 有价值的教学生成策略。

"有价值的教学生成"指的是在教学过程中，教师通过教学活动激活学生的思维，使学生在教学活动的过程中积极思考与感悟，产生了可利用的教学资源，教师则巧妙地捕捉到并善于利用这些资源创造良好的教学情境，优化教学过程。作为学习的主人，学生是可开发的资源宝库，他们在研读教材，与教师、同伴交流分享的过程中，会有很多大胆的疑问及超出教师、同伴及自己预期的一些想法。学生是生成性的课程资源，其根本原因在于学生是道德与法治课程的主体。一方面是指学生的现实生活是道德与法治课程的依据，另一方面是指发挥学生在道德与法治课程实施中的能动性，创造和丰富课程。道德与法治课程学习的本质就是学生通过与被称为课程的相关内容进行对话，构建课程的意义。道德与法治课程的基本要求是引导学生走入生活，在与生活的接触、对话和感悟、反思中内化道德及法治素养。接触、对话的过程就是学生产生感悟、反思的过程，学生感悟到并形成自己的认识、观点，就是来自学生的课程资源。有了这样的过程，也就达到了道德与法治教育的目的。

我们知道，课程是由特定的社会成员设计的。道德与法治教材是教材编写者编著的，带着编者的观点和理解，在一定程度上赋予其意义。但从深层次看，课程是学生创造的。学生在与课程因素之一的教材接触中，时刻用其独有的眼光进行理解和体验，并创造出鲜活的经验，而这些鲜活的经验又是道德与法治课程的重要组成部分，即有价值的教学生成。我们的具体策略是：

（1）充分利用教材的"空白"激活学生的思维，引发学生的思考，产生有价值的教学生成。

教材中的许多栏目都留有"空白"，像《运用你的经验》《探究与分享》《拓展空间》等。我们指导学生对教材中留下的"空白"进行探究学习，开拓学生思维，产生有价值的生成。如执教《自由平等的追求》一课时，教师利用教材104页的《探究与分享》，让学生就"唐某的言行"发表评论。学生的评论可以说是亮点纷呈，有学生评论："网络空间虽然是虚拟的，但考量的是一个国家、一个民族的法治素养。唐某在网络上肆意谩骂关某，不是逞口舌之快，而是侵犯公民人身自由权的行为，触犯法律是要承担法律责任的。法治素养是家之幸，国之本。"也有学生评论："有人说不就是别人骂两句吗？就告人家，还要赔偿，是不是有点小题大做了。我不同意这种说法。关某将唐某起诉到法院依法维权，让关某受到法律的制裁和惩罚，这是正视了宪法和法律赋予我们的权利，是对权利价值的肯定，是在正确而积极地行使和维护自己的正当权利，同时也维护了宪法和法律的尊严。既珍视了自由，又践行了平等，同时也给我们敲响了法不可违的警钟。"教师将这些评论作为生成性的课程资源引导学生进行品评，在学生动手、动脑、动口的过程中进行了深层次的思考和感悟，知道了如何辩证而全面地认识事物和现象，掌握了认识事物和现象的方法，使得道德与法治目标得到有效落实，对帮助学生明辨是非、提升法治素养发挥了积极的作用。

（2）及时捕捉并抓住学生在学习过程中的偶发事件，产生有价值的教学生成。

课堂是动态变化的，有时会出现一些偶发事件，产生精彩的生成性资源，如果教师能适时抓住契机，利用好生成性的教学资源，创设教学情境，就会让课堂充满智慧和生命力。如执教《守护正义》这一课时，教师就教材117

页《探究与分享》栏目："三名互不相识的出租车司机逼停醉驾肇事车辆挽救交警生命"的案例，让学生谈谈从三名出租车司机的行为中学到了什么。此时，一名学生站起来说："老师，近年来屡屡出现扶人被讹以及几位老人倒地无人救助而死亡的事件，让我对守护正义产生了困惑。您说我们该不该助人为乐？"顿时，学生议论纷纷。针对这一生成性的教学资源，教师微笑着设计了一个问题："谁来搀扶'爱心'？请就这名同学提到的事件谈谈自己的认识。"学生兴趣盎然，分组展开讨论。有学生指出："之所以出现此类现象，是法律不健全的原因。只有运用法律，对帮助他人的人给予奖励，对陷害他人的人进行惩罚，才能保证正义的坚守。"还有学生指出："人们的犹豫、顾虑、无奈无可非议，在很多人社会价值观扭曲的今天，迫切需要国家加强公民基本道德建设，提高广大公民素质，呼唤公民的道德承担。"还有学生指出："关键还在于政府及其相关部门人员要廉洁奉公、公正执法、秉公办事，坚守正义的底线。这样，上行下效，社会自然风清气正。"教师及时引导学生对这些见解进行评析，总结指出：虽然我们的各项制度还不健全，守护正义还有很长的路要走，但是乐于助人的善良初心不能忘却，受人关注的《中华人民共和国民法总则》，其中第一百八十四条规定："因自愿实施紧急救助行为造成受助人损害的，救助人不承担民事责任。"这从法律层面鼓励了很多人"路见不平，伸出援手"，也是对"英雄流血又流泪"坚决说不的道德与法治保障。当然，我们在助人时要讲究方法，要运用智慧和法律保护自己。

又如教师有一次在执教《依法行使权利》内容时，突然间电子白板坏了，教师原来准备的视频无法播放。此时，课堂陷入短暂的混乱。教师迅速对原先的教学设计进行了调整，微笑着说："同学们对不起，精彩的内容无法呈现，但稍安勿躁，老师还有故事和大家一起探讨呢。"学生迫切想听故事，课堂安静下来。教师缓缓说道："前不久，老师参加了一项教科研成果评选活动，并将一篇论文上传到网上，谁知后来被打入抄袭的行列中了，原因是道客巴巴上有一篇与之一模一样的论文！"学生很吃惊，用异样的眼光看着教师。教师接着说："后来，我就去申诉。我拿出了申诉的证据：网上评选列表中我上传论文的日期是3月，而道客巴巴上传论文的日期是5月，你们说是谁抄谁的？"学生大声道："当然是道客巴巴网站抄了您的。"此时，教师抛出问题："你认为道客巴巴网站的做法对吗？会产生什么后果？老师是如何依法行使和维护自己合法权利的？你还有哪些维权的好方法？"学生立刻围绕事件结合教材展开讨论。在讨论的过程中学生集中对行使权利的界限即宪法重要规定"公民在行使自由和权利的时候，不得损害国家的、社会的、集体的利益和其他公民的合法的自由和权利"，以及维护权利守程序即"公民行使权利应依照法定程序，按照规定的活动方式、步骤和过程进行"等核心问题，进行了深入的思考，有了明确的认识和理解。最后达成共识：道客巴巴网站上传论文者侵犯老师的合法权益，老师也要增强自我保护意识，防止侵权行为的发生。当公民的合法权利受到不法侵害时，应正确行使并维护权利，可以通过先协商调解、再诉讼等多种方式去维权，以防止侵权行为的再次发生。这样通过有价值的生成来创设的教学情境，将预设与生成有机统一，更能增加师生之间的情感，让课堂变得真实有效，达到了知识服务生活，提升师生法治意识的目的，是课堂的核心价值所在。对"有价值的生成"的捕捉及利用过程，能有效地培养学生良好的辩证思维能力及政治认同、道德修养、法治观念、责任意识等学科核心素养。

（3）针对教材资源的不足，引导学生建构新的教学资源，产生有价值的生成。

有时教材中的有些资源会因时代的变迁而陈旧，引发不了学生的兴趣。如果教师只给学生呈现并讲解现成的教材结论，学生只能充当知识的容器，课堂就是一潭死水。这样学生的学习就会索然无味，学生就不能真正理解知识，内化学习过程，提升情感。而建构新的资源，即根据教材特点、教材内容和学生实际，有针对性地开发资源、选择资源或整合资源，呈现出新的教学资源，设计问题并利用阅读分析、感悟体验、质疑讨论、交流共享等引导学生进入学习过程，使学生在情感体验与道德实践的过程中，理解教材内容，从而产生有价值的生成，将"关于道德的知识"有效地转变为学生个体的"道德知识"。比如在执教八年级下册《根本政治制度》一课时，为了体现时代性，教师通过上网查找，将教材64页《运用你的经验》栏目中的内容"十三届全国人民代表大会第一次会议主要议程"替换为"十三届全国人民代表大会第三次会议主要议程"，还搜集国家监察委员会的相关资料，将监察委员会的性质、职权、职责及与全国人民代表大会的关系以视频的形式展示给同学。学生结合十三届全国人大三次会议的主要议程自己发现并理解了人民代表大会制度"国家的一切权力属于人民；人民通过民主选举选出代表，组成各级人民代表大会作为国家权力机关；我国实行民主集中制，重大问题经人民代表大会充分讨论，遵循少数服从多数原则，民主决定"等基本内容。针对教材65页《探究与分享》栏目中"全国人大代表提交议案，建议实行义务教育免费及教科书免费"的旧案例，通过查找时事资料替换成："中学生小刚的妈妈经宁夏回族自治区人民代表大会选举成为十三届全国人大代表，在参加全国人民代表大会之前的很长时间，她通过走访或利用微信、微博等渠道与群众沟通和交流，了解到群众所关注的一些民生问题，如城市及乡村中垃圾堆积影响市容村容、高空抛物威胁楼下行人安全、民营企业生存发展受限等。她针对这些问题在参加全国人民代表大会时提出议案、意见、建议，与来自全国的其他代表充分讨论，审议了很多类似的民生议案，并对政府工作报告涉及解决民生问题的措施进行了表决。随后，一系列解决民生问题的政策措施相应出台：2019年4月26日，住房和城乡建设部等部门联合印发《关于在全国地级及以上城市全面开展生活垃圾分类工作的通知》；11月14日，《最高人民法院关于依法妥善审理高空抛物、坠物案件的意见》随之发布；12月22日，《中共中央　国务院关于营造更好发展环境支持民营企业改革发展的意见》及时公布。"当探究"结合材料，说说我国人民是如何实实在在当家作主的"问题时，由于这个材料既全面又与当地的实际和热点时政结合，并且紧密结合教材主体内容，调动了学生的思维，学生在讨论过程中产生了许多宝贵的生成。如有学生说："人民当家作主其实就是由人再到人的过程。前面的人指的是人大代表，后面的人指的是人民。即人大代表是人民选举出来的，你要能真正代表人民，那你的所思所想、所作所为必须体现人民的需求。就像上面的民生问题，你知道了，就要想尽办法去解决，这就是你的职责。"也有学生说："人民代表把民生问题以提案的形式反映给全国人民代表大会，全国人民代表大会又监督人民政府、人民法院等国家机关出台或制定一系列解决民生问题的政策和法律，如垃圾怎么分类，高空抛物、坠物的案件如何审理等，这充分说明了国家行政、审判等机关都是由人民代表大会产生的，这些国家机关依法行使各自的职权，并对人民代表大会负责，受人民代表大会监督。"在这个过程中，学生对人民怎样实实在在当家作主的过程、人大代表的权利和职责、公民如何向人大代表反映意见和要求等知识达到了真正的理解。这样有价值的教学生成展示了学生从新材料或情境中提取有学习价值的信息的能力，运用教材中已有的知识经验于新情境解决问题的能力，把学习落实到具体学习活动上的能力，使得学生学习能力的提高成为课堂的核心价值，使课堂教学变得富有成效。

（4）特别鼓励学生在教学中提出有价值的问题，产生有价值的生成。

提出有价值的问题往往比解决问题更有意义，难度更大。提出问题是更高层次的理解，也是学生创新能力素养的核心之一。课题组的教师在道德与法治课堂教学过程中，经常会让学生质疑、提问，发表自己的见解，培养学生的问题意识，往往会产生意想不到的教育效果。如在执教八年级上册《做负责任的人》一课时，教师引用传统经典故事"马谡失街亭"并抛出问题："谁对丢失街亭负有重要责任？为什么？诸葛亮的勇于担当表现在哪些方面？"有学生当时就站起来说："老师，我觉得这个问题能不能改为：失街亭，谁之过？失街亭后，谁进行了担当？是否更为妥帖呢？"教师微笑着说："说说你的理由。"学生阐述道："马谡对丢失街亭所负的责任是毋庸置疑的。但是诸葛亮呢？他难道不知道街亭的重要战略位置吗？他难道不了解马谡的为人吗？为什么会抱有侥幸心理任命马谡为先锋？王平呢？力谏马谡不成难道只知道分兵而去，就不会及时飞鸽传书向诸葛亮汇报并采取紧急的措施如控制马谡？所以应该将问题改为谁之过，更能对历史人物进行客观的评价。而失街亭后，诸葛亮的担当也是毋庸置疑的。可是，马谡没有逃避，甘愿引颈就戮，不也是有担当的表现吗？我认为问题这样改了后，更能与材料及教材的内容相切合。"对学生的阐述，教师大赞了一番，并且在此后的几个班教学中采用了这名学生提出的问题让同学们讨论，教学的效果特别好。又如在执教七年级上册《敬畏生命》这一课时，教师让学生针对辽宁省十一届人大常委会第十七次会议审议通过的《辽宁省消防条例》规定，任何单位和个人禁止组织未成年人参加火灾扑救这一事件展开讨论。有学生提到了："禁止组织未成年人救火，体现了对未成年人生命健康权的尊重和保护，是对未成年人生命的高度负责，是对生命的敬畏。"此时，有学生提出了不同的见解，他说："如果是自己家或邻居家或学校里着了火，我们未成年人不去主动救火，而是眼睁睁地看着火势蔓延，看着势单力薄的大人、老师去救火，坐等消防救援人员来救火，最后造成了不可估量的财产和人身安全的损失，真的是对我们未成年人生命高度负责的态度吗？"这一问题的提出，立刻引来了学生的讨论。有学生认为这不是敬畏生命的表现，这样的规定，会误导未成年人，使他们从小缺乏社会责任感和爱心。还有学生觉得应该改为如果是在紧急情况下或急需要未成年人救火时，未成年人在自己的能力范围内，在确保自己人身安全的情况下，可以尽自己最大的努力伸出救援之手。最后在大家激烈的讨论中达成共识：敬畏生命，既要关爱自己的生命，还要关爱他人的生命，从小要能够与周围的生命休戚与共，提倡见义智为、见义巧为，始终将智慧和法律作为珍爱生命的重要武器。其实，学生在讨论中发表的观点、分析问题和解决问题的思路、作业和实践活动中的创新之处或出现的问题等都是有价值的教学生成，合理地利用这些来自学生的有价值的生成，对学生学习动机的培养、学习兴趣的激发、正确价值观的形成都有极其重要的意义。

（二）研究成效

1. 课题的研究促进了课题组教师的快速成长，课题研究成果丰硕。

在课题研究的过程中，我们课题组的全体教师阅读了大量的教育教学理论专著，集中学习了教育部统编初中三个年级的道德与法治教材，以及《有效教学 和谐课堂》《有效教学的实践与反思》《新课程教学设计与案例》《翻转课堂与微课》《中小学教师信息技术与学科教学融合》《信息化有效教学应用案例分析》《做最好的教师》《教育激扬生命——再论教育走向生本》《教师如何做好课堂教学设计》等专著，通过议课、观课、评课和实践探索积淀了丰厚的教学理论和教学实践经验。教师的教学思想、教学理念、教学行为有了质的飞跃和转变。课程改革的新理念告诉我们，教师是教学全场的设计师，是学生生命成长的设计师。好的教师要关注学生，要努力建设开放和有弹性的课堂。如今，在上每一堂道德与法治课时，我们课题组的教师都要问自己：学生已经有了什么？还缺什么？困难和障碍是什么？原因是什么？既关注人文性，又关注工具性；既关注训练，又关注感悟，综合设计弹性化的教学方案。在上完每一堂课后，通过下列方式进行自我反思与评价：

方式之一：目标实现了没有？资源利用好了没有？问题设计得有效否？学生哪些方面的核心素养得到了发展？存在的问题和症结是什么？对策——

我以后上课该怎么办？

　　方式之二：我以学生为中心了吗？——情感性。我以学生为中心了吗？——思维性。我以学生为中心了吗？——知识性。

　　方式之三：解读课标了否？解读教材了否？解读学生了否？达到目标了否？节奏把握了否？后续研究了否？

　　方式之四：我知道自己教什么吗？我能肯定自己教对了吗？我发现学生学会了吗？我明白为何教这些吗？每一堂课，都努力上得扎实有意义，充实有效率，丰实有生成，真实有缺憾。总的目的：教得有效、学得愉快、考得满意。

　　两年来，武君珍、杨丽莎、荆红、吴静、张玥、张鹏静等青年教师的课堂教学有了显著的变化。由过去教师主宰课堂，教学方法和教学手段单一，问题提得过空过难，教师语言晦涩，课堂气氛沉闷，逐步向师生关系朋友化、课堂教学情境化、教学方法多样化、教学手段现代化、课堂教学问题层次化、教学语言形象化等有效教学的方向转化。真正让思政课有亲和力、吸引力、感染力，努力落实坚持政治性和学理性相统一、价值性和知识性相统一、建设性和批判性相统一、理论性和实践性相统一、统一性和多样性相统一、主导性和主体性相统一、灌输性和启发性相统一、显性教育和隐性教育相统一的要求。注重体验式、案例式、启发式、互动式、探究式等情境教学，优化组合多种方式。综合采用故事教学、情景模拟、角色扮演、案例研讨、法治辩论、价值辨析等多种教学方法，根据学生认知特点，将真实案例、真实生活场景引入课堂教学。充分利用信息技术手段，将多种教育资源、形式予以整合、提升，形成以学习者为中心的教育环境，引导学生生动活泼地学习，培养学生学习的兴趣。把课堂真正变为学生主动学习、研究、感悟、体验的地方。课堂不再局限于"传道、授业、解惑"，而是学生建构知识、内化社会主义核心价值观的场景。课堂教学的进程由师生共同推进，教与学的方式发生根本性转变，使自主、合作、探究学习成为可能，课外与课内结合成为可能，学习与实践结合成为可能。每人针对课题研究都有自己的新发现，组里的老师都说，在课题研究活动中我们真是获益匪浅。青年教师由衷地感叹："其实教科研也很简单，就是解决课堂教学中教师教和学生学的问题，问题解决了，越教越有味。"

两年多来课题组教师的专业成长速度很快，专业化水平和教科研能力大幅提升。教师在课题研究中积极撰写并发表论文，撰写教学设计、案例，参加全区原创试题大赛及优质课程资源征集等各种活动，取得丰硕成果，教师个人和集体获得多项荣誉。课题组组长蒋福军老师撰写的论文《初中道德与法治课教学中关注学生发展的几点策略》发表在国家级刊物《教育界》2019年11月第41期；《初中道德与法治课教学情境创设的策略探究》发表在省级刊物《宁夏教育科研》2019年第1期，并于2019年4月获全国二等奖；《从中考命题看"政治认同"培育》发表在国家级刊物《初中时事》第1期；《初中道德与法治成就措施类材料分析题的解题规律》发表在国家级刊物《试题与研究》2019年第9期。《初中道德与法治课堂教学变革和提效的几点策略》在2019年银川市"推进课堂变革"活动阶段性成果征集评选活动中获得一等奖；专题研究报告《研究宁夏2017年思想品德学科中考试题特点，做好复习迎考工作》在银川市2018年度教育科研成果评选活动中获得二等奖。课题组核心成员荆红老师的《初中道德与法治教学中整合时事热点内容之实践》发表在省级刊物《新课堂》2019年第1期；《对提高初中道德与法治教学有效性的探讨》发表在省级刊物《新课堂》2020年第1期。武君珍老师《推进课堂变革背景下小组合作学习初中道德与法治教学小组合作学习的实效性探究》发表在省级刊物《中外交流》2019年第26卷第41期；教育散文《目光》发表在市级刊物《银川教育》2019年第4期；《运用互联网开发初中道德与法治学科资源的策略》发表在省级刊物《新课堂》2020年第1期；在2019年12月银川市人民检察院、银川市教育局联合举办的"落实'一号检察建议'，预防侵害未成年人违法犯罪、加强校园安全建设"征文活动中荣获三等奖。张玲老师《核心素养下九年级道德与法治课堂的构建》发表在省级刊物《中外交流》2019年第4期；《生活化思维下九年级道德与法治教学模式探讨》发表在国家级刊物《新作文》2020年第1期；《浅议九年级道德与法治课的情感教育》发表在省级刊物《中外交流》2019年第21期。姜葳老师《初中道德与法治生活化教学实践探索》发表在省级刊物《新课堂》2020年第1期。杨晓红老师的教学设计《正视发展挑战》获国家级一等奖；姜葳老师、杨辉老师的教学设计《我对谁负责　谁对我负责》《"改革开放40周年"复习课》在2019年银川市"推进课堂变革"活动阶段性成果征集评选活动中获得一等奖。蒋福军、杨丽莎老师在2019年创新素养教育和"互联网＋教育"背景下宁夏初中学业水平暨高中阶段招生考试原创试题征集评选活动中获一等奖。蒋福军、荆红、武君珍、杨丽莎、张玲、杨晓红、高慧在全区"互联网＋教育"背景下初中道德与法治学科统编教材优质课程资源征集评选活动中获一等奖，姜葳获二等奖。

2. 学生发展轨迹明显，在课题研究中大大受益。

由于教学设计促使教师教学行为的转变和学生学习方式的转变，学生学习道德与法治课的积极性空前高涨，良好的学习习惯逐步形成。在由教师、教材、学生构成的教学共同体中，教师以学生为中心从事教学设计，开展课堂探究活动。在这一过程中，学生积极参与课堂活动。课堂上感悟体验，大胆发表见解，发展核心素养，提高情感态度价值观；课外搜集资源，参与主题实践活动，反思自我，矫正行为，提升道德法治素养。从随意抽取的部分七年级学生的课外实践作业——道德与法治暑期任务单——"看视频学法治"反馈表及"爱国主义"手抄报来看，学生的发展经得起检验。《道德与法治课堂上教师以你为中心了吗？》抽样问卷调查的结果显示，90%以上的学生认为教师在课堂教学中以他们的发展为中心。

3. 课题的研究产生了广泛的社会效益。

课题组课例研究和专题讲座为宁夏全区初中道德与法治课堂的变革与统编教材的使用、新的课程资源的开发等起到了抛砖引玉的作用，引领着全区各市、县其他学校初中道德与法治课教师的教学及研究。

两年来，围绕课题研究，课题组教师以集体备课为主要渠道，以课堂教学为抓手，充分利用学校全区"互联网＋教育"教研示范基地建设的契机，采取线上与线下相结合的形式，从校内到校外，从银川市到全区其他市、县，深入地进行课堂教学设计以学生为中心的实践研究。课题组制作了初中道德与法治每一单元每一课每一框的多媒体课件，录制了30多节研究录像课，录制宁夏"空中课堂"教学15节，辅助教学的微课若干节。校内以"三课议评"为主要形式，校外以同课异构为主要形式，由于我们的课题搞得扎实、有效，多所学校前来观摩学习。我们课题组以专题讲座和示范课的形式，边进行课题研究，边推广研究的成果，产生了广泛的社会效益。2018年12月在与银川市第二十中学道德与法治学科交流活动中，蒋福军、杨晓红老师承担了《创新驱动发展》《正视发展挑战》示范课；2019年4月荆红老师在银川二中学校发展共同体四校同课异构课堂教学评比中获得一等奖；2019年5月在平罗县与银川市思政教师研讨活动中，荆红、杨晓红、张迎霞、吴静四名老师分别承担《依法履行义务》《维护宪法权威》《情绪的管理》《我们的情感世界》示范课，让平罗县的初中道德与法治学科教师受益匪浅，课题研究成果在平罗县得到推广和应用。姜葳、杨辉老师2019年5月在银川市"互联网＋教研"推进活动暨第三届"推进课堂变革"课例展示研讨活动中承担了《依法行使权利》《"改革开放40周年"复习课》展示课，效果良好。银川市道德与法治学科教师全部参与观摩，大家一致认为姜葳老师教学设计中对教材资源的创造性开发和利用及借助"互联网＋教育"技术手段和技术平台对视频资源的开发利用是展示课的最大亮点。杨辉老师充分发挥学生的主体作用，以学生为中心，让学生在教师的导引下自主提出问题、合作探究问题、调动所学知识分析和解决问题，发展学生核心素养是展示课的最大亮点，展示了课题研究所带来教师教学行为的变化。武君珍老师将课题研究成果运用在课堂教学中，在2019年5月23日红寺堡区第六批骨干教师培养对象活动中承担《青春的情绪》展示课，获得一致好评，将课题研究的成果推广到吴忠市，对课题的研究起到巨大的推动作用。姜葳、武君珍、杨丽莎三名教师的课题研讨与参赛课在学校"三课议评"、家长教学开放月暨2019年7月"一师一优课、一课一名师"教学评比活动中获一等奖。同时，杨丽莎、荆红、姜葳三名教师将课题研究及反思成果融入教学中，录制的《在发展中保障和改善民生》《依法履行义务》《依法行使权利》荣获2019年度银川市"一师一优课、一课一名师"活动一等奖，杨丽莎和荆红老师同时获自治区一等奖。武君珍老师2019年9月在"京银教育"合作北京专家教师送教讲学专题培训班活动中承担《遵守规则》示范教学，受到北京专家的高度评价，银川市全体道德与法治教师全程参与观摩学习。后来，本节课放在宁夏全区道德与法治教师 QQ 群里，从全区教师的反馈来看，本节课题研究课也成为目前全区教师公认教学资源开发与利用效果最好，对学生发展促进作用最大，对教师教学指导和引领最成功的一节道德与法治示范课。在2019年宁夏思想政治课老师赴江苏省"互联网＋"教学教研考察学习活动中，蒋福军老师承担了《延续文化血脉》的示范课，与全国名师共同探讨课堂教学中如何借助"互联网＋"实现以学生为中心的策略。2020年5月8日，在银川市唐徕中学教育集团初中四校区"同课异构"学科交流活动中，杨辉老师承担《建设美丽中国》示范课。5月11—12日，在银川二中教育发展共同体学校"互联网＋特色教研"中考备考研讨活动中，姜葳老师承担了《高扬民族精神》示范课。7月2日在银川二中教育集团思政一体化教学研讨活动中武君珍老师承担了《根本政治制度》示范课。10月15日，在同心县赴银川二中北塔分校中考交流研讨活动中，武君珍、吴静老师承担了《创新驱动发展》（专题复习）和《延续文化血脉》示范课。2020年10月22日，在平罗县与银川市思政教师研讨活动中，蒋福军、杨丽莎、姜葳老师分别承担了《夯实法治基础》《预防犯罪》《走近老师》三节示范课。蒋福军老师2019年12月指导张迎霞老师获得银川市优质课大赛一等奖、自治区优质课大赛二等奖，指导灵武王慧老师、永宁祁玉老师分别获2019年银川市、自治区优质课大赛一等奖。这些获奖的课既是对道德与法治课堂教学中以学生为中心的策略研究这一课题的成果检验，又是课题成果在全区、全市范围内的一次展示和推广。2020年2月在银川市中小学（幼儿园）"我的岗位我的使命"微课比赛中，蒋福军、武君珍老师制作的微课《如何增强宪法意识》《国家尊重和保障人权》分别获得银川市一、二等奖，并展示在宁夏教育资源公共服务平台中供全区教师学习借鉴。在2020年抗击新冠疫情期间，蒋福军老师录制了宁夏"空中课堂"《加强宪法监督》《公民基本权利》《公民基本义务》《依法履行义务》《国家行政机关》5节课；张迎霞老师录制了《坚持依宪治国》《基本经济制度》2节课；张玥老师录制了《集体生活邀请我》《集体生活成就我》2节课；武君珍、吴静、杨丽莎老师分别录制了《公民权利保障书》《治国安邦的总章程》《基本政治制度》3节课；银川北塔中学课题组共7名教师共承担宁夏"空中课堂"13节授课任务。课题组高慧老师录制了《在品味情感中成长》《我与集体共成长》2节课。同时，武君珍、吴静两位老师还在银川市金凤区"空中课堂"教学中承担送课任务。这些"空中课堂"的课从设计到磨课再到正式录制，是道德与法治课堂教学设计中以学生为中心的策略研究成果的集中体现，全部展示在宁夏教育资源公共服务平台及"学习强国"学习平台，供全区甚至全国道德与法治学科教师学习和借鉴。由于课题组组长蒋福军为自治区骨干教师及银川市兼职教研员，在学校乃至全银川市、全宁夏都有一定的影响力，所以课题研究不但在道德与法治课的领域研究，而且还引领着学校其他教师的研究和发展。蒋福军深入线上线下指导其他市、县教师参与全区优质课大赛、优质资源征集及优质视频课评选活动，其中中卫市的王巧老师、石嘴山市的潘玉娇老师、银川市的李雪婷老师分别获得全区优质课大赛一等奖。同时，2020年新冠肺炎疫情防控期间，蒋福军积极协助武琪老师指导银川市参与"空中课堂"的老师，确保"空中课堂"的授课质量。全校性的课题研究汇报课、观摩教学以及课题研究成果推广的讲座也使许多教师在教学设计中转变了观念，在教学行为上发生了变化。两年来，蒋福军老师先后在全区各市、县承担了8次专题讲座，分别为：2018年12月13日在"国培计划（2018）"──中西部项目宁夏回族自治区项目县（平罗县）送教下乡活动中，承担了题为《"互联网＋"背景下初中道德与法治以学生发展为本的有效教学》专题讲座；2019年1月在全区中学道德与法治学科教研员工作会议暨道德与法治中考改革研讨会上，承担了题为《把握学生的认知规律命制道德与法治试题的几点建议》的专题讲座；2019年4月在银川市初中道德与法治八年级宪法专册教学观摩研讨活动中，承担了题为《研究困惑问题　用好八年级道德与法治统编教材》的专题讲座；2019年5月在平罗县与银川市思想政治教师研讨活动中，承担了题为《初中道德与法治学科以学生为本的教学策略探析》的专题讲座；2019年5月16日在全区首期中小学思想政治理论课教师专题培训班中，承担了题为《教育部统编道德与法治教材课程资源利用与开发的建议》的专题讲座；2020年4月23日在银川市初中道德与法治中考研讨会中，承担了题为《指导学生探索答题规律　巧思妙解中考试题》的专题讲座；2020年4月在平罗县思政课教师培训工作中，承担了题为《准确把握中考脉搏，指导学生总结答题规律》的专题讲座；2020年10月22日，在平罗县与银川市思政教师研讨活动中，承担了题为《借助"互联网＋"助推思政课一体化建设》的专题讲座。此外，蒋福军还深入银川市、红寺堡区、平罗县、中宁县等多所学校听评课，加强对青年教师的指导。为了使课题产生更广泛的社会效益，课题组在自治区、银川市和各市、县教研部门的支持下，吸纳了银川市和其他市、县部分学校的道德与法治学科教师一起参与研究。经常有其他学校的教师来听课，与课题组教师共同诊断课堂教学，研讨道德与法治课堂教学设计中以学生为中心的策略，提出宝贵的意见和建议。目前，在宁夏全区已形成了北塔中学牵头的初中道德与法治学科联片教研的良好局面，这对课题研究及课题成果的推广起到了很好的促进作用。

九、存在的问题和今后的设想

两年的时光在平凡琐碎而又凝结着智慧心血的教学中过去了，虽然课题组教师做了大量的研究工作，但还是存在着一些问题，主要有以下几点：

1. 课题组部分教师尤其是年龄稍大的教师教学的理念还转不过来，年轻的教师备课和研究教材的时间精力投入不够，导致部分课堂在教学以学生为中心的策略方面还存在误区，主要是贴近学生生活不够，不能基于学生的认知，课堂问题的设计不是很好，因此不能激发学生的学习兴趣，教学效果还有待提升。下一步将按照习近平总书记对思政课教师提出的"六个要求"来促进这支年轻教师队伍的建设。

2. 对于课堂教学活动中蕴藏着的丰富课程资源及生成的课程资源，教师不能及时地捕捉教育的契机，错失教育良机。如当谈到父母对自己严要求的时候，学生说到不好好学习将来去捡垃圾、当服务员、洗盘子等，教师没有加以捕捉对学生进行正确劳动观和就业观的教育等。一个有意义的教学过程，除了具有学习客观知识的特点外，还应该成为广大师生共同建构知识和人生的过程。只有师生的生活、经验、智慧、理解、问题、困惑、情感、态度、价值观等因素能够进入教学过程的时候，学生才会真实地感受到教学过程才是他们的人生过程，教学才有可能真正促进学生的健康成长和健全发展，才有可能体现道德与法治课程应有的生机和活力。

3. 由于学校的教学工作繁重，研究还不够深入、全面，研究的过程资料收集不够及时和全面，研究成果也不很突出，等等。

今后，课题组还将围绕"如何创造性地使用教材资源，将教材再开发后与动态生成的课程资源相互补充的方法""如何设计有价值的问题，设计的问题如何贴近学生的生活实际，给学生留下广袤的活动空间，拓展学生深层次的思维空间""在'互联网+'背景下如何将教学设计智慧教学相吻合"等几个方面展开更深入的研究。

第三章　中学思政课教师课题研究
精品课例选编

《知法于心　守法于行》教学课例

[教材依据]

《知法于心　守法于行》是道德与法治教材鲁教版七年级（上）第五单元《走近法律　与法同行》第10课《维护法律尊严》第二目内容。

[学情分析]

为深入贯彻党的十八届四中全会关于"将法治教育纳入国民教育体系，从青少年抓起，在中小学设立法治知识课程"的要求，鲁教版初中教材在每一册最后一单元均开设了法律教育课。七年级学生年龄尚小，步入社会的时间不长，对社会的复杂性认识不够，辨别是非、自我保护及遵守法律的意识都不强，现实生活中，又常存在学生及家人合法权益受到侵害及违法犯罪的状况，比如家暴、校园欺凌、危险驾驶、考试作弊等。面对侵害，未成年人往往不知所措或采取非法应对措施以致违法犯罪却茫然不知，因此有必要从认识上和行动上对学生给予指导，使学生学习法律、遵守法律、懂得运用法律维权。在学习本课之前，学生已经学习了法律的特征，法律与道德的区别，法律的作用，公民在法律面前一律平等，违法行为的种类、危害、承担的责任及受到的制裁等，加之学校专门安排教师针对七年级学生进行了法律知识的讲座，所以学生有了一定的法律知识积淀。但学生对法律的学习仅仅是有限的皮毛，要让学生深入地了解更多的法律知识，理解相关的法律知识，做到遵守法律，运用法律维权，使学生具有强烈的法律意识和健康成长与生活必备的法律素养，就必须让学生掌握学习法律的方法，通过相关案例的剖析，在理解和运用中自觉遵守规则、遵守法律，学会运用法律去维护自己或他人的合法权益。

［教学目标］

1. 培养学生良好的维权意识，养成学法、懂法、守法、用法的好习惯，有效地树立"守法光荣，违法可耻"的观念，增强社会责任感。

2. 能在法律宣传员的引领下，掌握学习法律的途径；能在合法权利受到非法侵害时，应对具体的情境分析和探讨，懂得用正确的法律武器维权，机智、灵活地同违法犯罪行为作斗争，内化守规则、守法的法治意识。

3. 知道学法的方式和途径，知道守规则和法律的好处及不守规则和法律的危害，掌握灵活、机智地用法律维权的方法。

［教学重点和难点］

重点：学法的方式和途径。遵守规则、遵守法律的好处及不守规则、法律的危害。

难点：学会运用法律维护自己的合法权益。

［教学方法和学法指导］

活动情境教学法和案例分析法是主要的教学方式。参与式教学是本节课学生主要的学习方式。在本节课教学设计中，课堂教学不仅要突破知识点，更要联系学生生活实际，在生活中学习法律、遵守法律、运用法律。在学习过程中，充分利用交互式电子白板辅助教学的功能，与学生合作共同制作拍摄贴近学生生活实际的三则法律故事视频和学生分角色扮演情景剧，创造性地利用互联网中的两个法律视频短片等教学资源，制作了生活中守规则的温馨音乐相册，引导学生走进生活、关注生活、思考生活，强化法律认知和情感体验。通过学生的主体参与、自主探究、讨论合作等方式去明确学习法律的途径，明白遵守法律的意义，懂得运用法律途径去维护自己的合法权益，运用智慧和法律去同违法犯罪行为作斗争。

[教学过程]

（一）导入新课

教师：同学们，前几天老师搜集到了一则很美很美的广告，那是满满的正能量，今天跟大家分享一下，播放《全民守法》公益广告。

播放完之后教师问：看了这则广告，你想说什么？

生1回答：全民守法社会才能和谐。

教师评价：很灵动的智慧。

生2回答：无论从事什么职业都要守法。

教师评价：能从简短的视频中提取有效信息，真不错。

生3回答：守法，心中便会有不可逾越的净土。

教师评价：感悟得真美。

生4回答：全民守法，生活才会幸福，社会才会和谐。

教师评价：很大气。

生5回答：无论是大人还是小孩，都应该守法。

教师评价：说得非常全面。

教师过渡：法律让我们健康快乐地生活，让社会更加平安、和谐、温馨，既是我们自身的需要，也是建设社会主义法治国家的内在要求，这就需要我们每个人做到：知法于心，守法于行。（板书课题）

设计意图：通过短小但内涵丰富的全民守法小视频，既直观又能吸引学生的注意，引发学生感悟，自然地引入了本节课所要学习的主题。

（二）新课讲授

环节一：听故事　讲缘由

教师：现实中有些人违了法、犯了罪却茫然不知，还有些人合法权益受到非法侵害却不知所措，甚至无动于衷，这一切产生的根源在哪里呢？让我们一起来认识今天的两位小主人公：小明和小刚。

先让我们来看看小主人公小明的遭遇。（播放小明遭遇爸爸家暴的视频）

视频内容：小明考试成绩不理想，天天挨打。小明经常迟到，这天小明又迟到，老师看到小明脸上的伤痕，问起缘由，小明回答老师，爸爸望子成龙，经常打他。

老师：我们再来认识一位小主人公小刚，看看他有什么困惑。（小刚现场表述自己的困惑）

小刚自述内容：最近我有一些困惑，每当我放学回家的路上，总是有两个外校的初三学生向我索要保护费。第一次、第二次我怕他们，就给了他们，但接下来的几次他们不断殴打我，而且索要的金额越来越大，我终于忍受不了了，我想约我的好哥们也将他们打一顿，但是我不知道这样做对不对，我想他们能打我，我为什么不能打他们呢？（自述结束）

教师过渡出示问题：了解了两位小主人公的故事以后，请大家开动自己聪明的大脑，运用你们的智慧一起来思考这样的问题。

1. 小明说："父亲打我是天经地义的。"小刚的困惑："他们能打我，为什么我不能打他们呢？"他们这种说法产生的根源是什么？请同学回答。

生1回答：因为他们不懂法。

教师追问：父亲天天打我，"打"是与哪部法律的规定相悖的呢？

生1继续回答：与《中华人民共和国未成年人保护法》相悖的。

教师补充：还有宪法。

生2回答：我觉得小明不知法、不懂法，没有很强的法律意识才会造成这样的局面。

生3回答：这是因为他们的法律意识淡薄才会这样，如果他们懂得法律，就会用法律保护自己。

教师评价：你的分析很精辟。

教师过渡：同学们找到了根源，我们接着再看。

2. 从法律上讲，故事中的人物如果能有正确的说法、做法，前提是什么？

学生回答：要知法，要懂法。

教师补充：还要守法。学法才能懂法，才能守法，才能更好地运用法律。

教师提问：同学们，我们平时都是通过哪些途径学习法律的呢？下面有请法律小宣传员跟大家做个交流。

设计意图：故事情景剧由师生共同进行角色扮演，生动、真实地再现了家暴和校园欺凌的现实生活，能激发学生的思考兴趣和参与课堂问答的热情。无论是违法犯罪，还是不知道用法维权，根源都在于不懂法。问题的设计结合故事情景剧，有明确的指向，层层递进，由点到面，由故事中的人物再到我们每个人，引出学法的必要性并为守法和用法的学习与探究奠定基础。

环节二：勤交流　学法律

法律小宣传员的交流内容：

大家好！我是法律小宣传员，我跟大家交流一下学习法律的途径。我先请几位同学来说说自己在生活中学习法律的方法有哪些？

生1：上网查阅和阅读相关的法律书籍。

生2：看有关法律的电视节目。

生3：通过老师和同学的交流。

生4：听有关法律的讲座。

小宣传员交流：我学习法律的途径是阅读有关法律的书籍，例如《青少年法律读本》《中华人民共和国食品安全法》《中华人民共和国预防未成年人犯罪法》。通过读这些书，我了解了相关的法律知识，也提高了我的法律意识。还有，在道德与法治课堂上学到了一些法律原文，比如我们教材113页《中华人民共和国刑法》中的条文。我还会积极参加学校的法律知识讲座，因为这让我知道法律就在我们的身边，实实在在地保护着我们。我在假日里也喜欢看一些法治频道的节目，通过这些节目提高了我的法律意识。我也会参加学校的安全教育平台的学习，我学到了好多自我保护的方法和技巧，当我在学习法律知识的过程中出现困惑的时候，我会浏览相关的法律网站，通过这些网站减少我的困惑。作为一名法律宣传员，我很开心的是我把这些知识带给了我身边的同学，使我们在法律的保护下能够健康成长，希望大家能够积极参加到小宣传员的队伍里，让更多的人了解法律知识，让更多的人受法律保护。

教师板书小宣传员交流的方法：书籍、课堂、讲座、节目、平台、网站等。

教师评价：感谢小宣传员，她在以自己的行动提升着自己的法律素养，同时也在积淀着高尚的美德。

教师总结：同学们，我们学习法律知识的途径是多种多样的，老师希望同学们能够相互借鉴交流，做个学法的有心人。只有我们主动学习法律，了解法律的相关规定，我们才能真正做到：知法于心（板书）

设计意图：通过学生中法律小宣传员与同学们的互动，共同探讨交流学习法律常识的方式和途径及学法的收获，将课堂真正还给学生，使学生成为课堂的主人、学习的主体。能促进学生更好地学习法律、宣传法律，人人争做法律小宣传员。

教师过渡：当然守法要从守规则做起。

环节三：守规则　强意识

教师：如果不守规则，生活将是这样的。

播放视频内容：驾驶员超速驾驶以及国家公务员考试替考。

教师：如果人人守规则，我们的生活将是这样的。

播放视频内容：学生、市民在银行、超市、医院和学校等守规则的各种镜头的电子相册。

教师提问：对比两个视频，请谈谈你对规则的感受。

生1：我觉得人人都得遵守规则，因为不遵守规则，有可能就会受到法律的制裁。如果人人遵守规则，世界会很美好。

生2：我觉得有规则的社会才是美好的、幸福的。

教师评价：你的观察很细致。

生3：想要守法，就要守规则，从小事中去学习懂规则。

生4：看了这两段视频我感慨万分。第一个视频考试作弊就会受到相应的法律惩罚，第二个视频的镜头中社会井然有序。所以，我想要从小事做起，培养遵守规则的意识，这样我们的社会会更加美好。

教师评价：善于从视频中提取有效信息，还结合了自己的生活实际，而且感悟得非常深刻。

生5：我想补充一下以上同学的观点，我觉得法律和规则就像一架天平，保持着社会的平衡，不会让社会变得混乱。

教师点评：这个比喻很贴切，每当走进校园，老师总能看到同学们能够自觉遵守校纪校规，老师为大家点赞。

教师提问：老师拍的这些镜头里，同学们说说这是从哪些方面遵守学校的规则？

生1：我感受最深的是同学们在阅览室读书的镜头，每个人都非常安静。

生2：我看到同学们运动会的照片，虽然我们学校人数很多，但是整齐的队伍显得很美好，没有杂乱的感觉。

教师评价：你真是生活的有心人。

生3：我看到进出校门下车推车走的同学，因为学校怕有安全隐患，不让进校园骑车，他们能遵守这一规定。

教师评价：遵守规则，保障了自己的安全，也保障了他人的安全。

生4：还有考试的镜头，只能听得见沙沙的写字声，大家都很遵守考场纪律，诚信考试。

生5：上下楼梯的时候我看到大家都靠右行，这样可以有效避免踩踏事件的发生。

教师总结和评价：同学们，当我们在遵守规则的时候，我们的人文底蕴、我们的科学精神、我们的健康生活，以及我们的责任担当、我们的人文素养都在潜移默化中得到了发展。规则本身没有美感而言，但是当我们每个人都遵守规则的时候，规则就变得如此美丽。

教师过渡提问：守法光荣，违法可耻。那么作为特殊的行为规则，日常生活中，法律对我们的行为提出了哪些要求？

生1：我们无论做什么事都要想一想是否符合法律的规定。法律允许做的要去做，法律禁止做的坚决不做，法律倡导做的积极去做，一旦发现自己的行为不符合法律的规定，就要及时终止。

教师概括总结：法律要求做的必须去做，法律倡导做的积极去做，法律禁止做的坚决不做。

教师追问：同学们，法律要求做的都有哪些？

生1：我知道依法纳税，不得偷税漏税。

生2：九年义务教育法要求我们要上学。

生3：成年父母有抚养子女的义务，成年子女有赡养老人的义务。

教师总结：我们发现法律要求我们做的往往是我们要履行的义务。

教师继续追问：哪些是法律倡导我们做的？

生1：植树和献血。

生2：做公益项目。

教师总结：法律倡导我们做的往往是善事，也就是说是社会公德。法律禁止的我们上节课刚刚学过，法律禁止做的是违法行为，违法行为分为哪些？

生1：一般违法行为和犯罪。

教师追问：一般违法行为又分为什么？

生2：民事违法行为和行政违法行为。

教师总结：遵守法律，遵守规则，我们善的人性在慢慢绽放，我们善的习惯在逐步养成，善的素养也在无声地滋长。同学们，我们不仅要懂得法律，做到知法于心，而且我们还要运用法律来维护自己的合法权益，运用法律同违法犯罪行为作斗争。

教师过渡：那么我们怎么才能更好地运用法律武器同违法犯罪行为作斗争呢？让我们再次回到小明和小刚的故事中。

设计意图：视频一正一反，通过对危险驾驶、考试作弊等不守规则、法律的危害后果与学校、社会、家庭生活中守规则的温馨画面对比，对学生具有警示意义，可让学生对规则的重要性有深切的感受。注重正面教育和引导，就校园中守规则的正能量进行进一步挖掘，让学生反思自己的行为，发扬守规则、守纪律的美德。强化规则意识的同时，明确日常生活中法律对我们行为的具体要求，突出公民必须履行应尽的义务，提倡社会公德，有助于学生生活中更好地遵守法律，养成守法习惯。

环节四：寻方法　用法律

小组讨论问题：

1. 情景剧中，父亲经常殴打小明是什么行为？为什么？如果你是小明，你会运用哪些方法正确维权？

2. 面对高年级同学的欺凌，小刚想找同学打回去的做法对吗？为什么？我们应该用哪些正确的方法去解决？如果看到了类似的校园欺凌违法犯罪行为，我们又该怎么办？（学生讨论）

讨论结束后小组汇报回答：

生1：爸爸的行为属于一般违法行为。办法是可以向亲人寻求帮助，劝说爸爸。

教师评价：从爸爸的角度出发，出发点是好的，但是行为有点过激。

生2：爸爸的行为已经触犯了法律。小明可以通过亲戚朋友的劝说来调解，但爸爸如果不听劝告再继续殴打下去，可以通过法律的形式来解决。

教师补充：如果行为相当严重，致使小明伤残的话，可以通过法律诉讼的方式来解决。

生3：经常殴打属于违法行为。是父亲和小明的法律意识不够强。我可以通过以下三种方式来解决：第一，求助于亲人；第二，报警；第三，经常殴打，可以通过诉讼来维权。

生4：我们讨论的是第二个问题。小刚打回去的行为是不对的。高年级同学向他索要保护费的做法是校园欺凌，但他如果打回去那也是违反法律的做法，这是不对的。我们应该及时将这件事告诉老师，让老师帮助我们；如果看见这种校园欺凌，我们可以上前阻止这种欺凌行为。

教师追问：对于上前阻止，同学们有没有不同看法？

生5：我觉得这是不对的，因为我们现在还是未成年人，虽然有一定的自我保护意识，但是我们的自我保护能力不够强大，所以我们面对校园欺凌，先要保护好自己。可以去求助于路人来帮助。

教师评价：同违法行为作斗争，这是我们的义务，但是在斗争的过程中，我们可不能硬拼，而是要在保护好自己的前提下运用智慧和法律与其斗争。

教师总结：刚才同学们所提到的寻求帮助、协商沟通的方式都是属于非诉讼的方式，而向人民法院起诉的方式是属于诉讼的方式。我们始终要记住法律是保护我们的武器。

教师过渡：小明到底是怎么解决问题的呢？让我们一起来看一看。（视频播放）

视频内容：教师通过家访告诉小明的爸爸，家暴的行为是违法行为，是不对的，应该通过跟孩子沟通来解决孩子成长中的问题。小明父亲表示自己错了，以后不对孩子进行家暴，会好好教育孩子。

教师提出问题：小明通过求助老师，老师是用什么法律保护了他？

学生回答：《中华人民共和国反家庭暴力法》。

教师补充：对孩子实施家暴，情节严重的，可以依法撤销监护人的资格。老师通过家访的方式最后化解了小明父子的矛盾。小刚同学的困惑解决了吗？我们来采访一下小刚同学。

（现场采访）小刚回答：我明白了，我不能忍气吞声，也不能够打回去，以暴制暴。我应该求助自己的亲人，找到老师帮助。如果这样还是不行，那我就应该报警，如果还不行，我只能起诉到法庭。

教师总结：大家听到了，这回小刚同学选择了正确的方法解决自己的困惑，运用智慧和法律来解决自己的困惑。

教师普及法律知识：2016年11月11日，教育部联合九部门共同印发的《关于防治中小学生欺凌和暴力的指导意见》，其中明确规定，对屡教不改、多次实施欺凌和暴力的学生，应登记在案并将其表现记入学生综合素质评价，必要时候转入专门学校就读。如果是触犯法律，情节严重的，责令其家长或监护人严加的管教，必要时可由政府收容教养。相信通过社会各方面的共同努力，通过我们的智慧和法律，校园欺凌现象一定会得到有效遏制。

教师结束语：同学们，法律是一缕阳光，照亮黑暗；法律是一股清泉，滋润心田；法律是一记警钟，时时长鸣。让我们自觉地学法、懂法、守法、用法，努力做到知法于心，守法于行。为全面推进依法治国，为建设社会主义法治国家、构建和谐社会去贡献我们的力量吧！

设计意图：对应教学环节中的活动一，由知最终落实到行，通过学生间小组讨论、质疑补充，教师点拨、指导、说明，视频补充、现场采访等活动和手段，将如何运用法律维护合法权益，如何运用智慧和法律同违法犯罪行为作斗争生活化、形象化和生动化，使学生心灵受到深切的触动，给学生的行为以正向引导，让学生看到法律的尊严，体会到法治的力量，培养学生运用法律知识解决侵权问题的意识及法治素养和能力。

环节五：课外延伸作业

课本121页的活动：列举日常生活中自己自觉守法的行为表现或搜集人们依法办事的事例，与同学交流。

[板书设计]

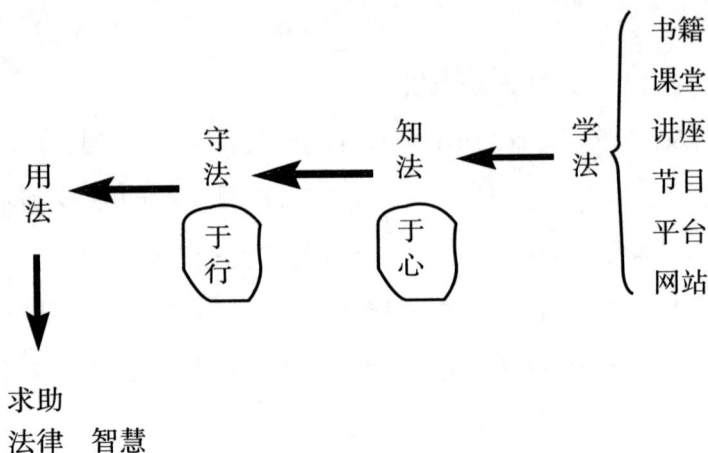

[教学反思]

本节课是一堂法治教育活动实践课，主要目的在于让学生通过对生活中的法律案例如家暴、校园欺凌等进行分析，从感性和理性上对规则、法律的意义和作用有进一步的认识和了解，从而增强和内化他们学法、懂法、守法、用法的意识，掌握学习法律和正确运用法律维护自身合法权益、机智灵活地与违法犯罪行为作斗争的途径和方法，努力使自己成为普及法律知识的小小宣传员。

在上课之前，师生就教学资源的开发做了大量工作，组建学生法律宣传团队，指导学生明确学习法律知识的途径和方法，选取案例，搜集和拍摄视频，让课堂教学贴近学生的生活、贴近学生的实际，解决学生成长发展中的困惑和矛盾。由于把学生的认知发展作为教学的基本依据，教学目标的设定体现了生本化的过程，所以能触及学生的心灵，引起学生的共鸣，为课堂教学活动的顺利开展创造了有利条件。

课堂上学生主动参与、积极互动，整个课堂成为学生主动展现和释放学习能力的平台，他们纷纷与同伴交流自己的看法，听取他人有意义的独到见解，挖掘出自己以前没有呈现出的能力，课堂为学生展示潜在能力提供了最大空间，使课堂富有独特魅力。

课堂上，教师为学生活动搭建有效的平台，努力让学生成为课堂的主人。如法律宣传员的交流、丰富生动的生活视频等都不同程度地激发了学生的情感，调动学生学习的主动性和积极性，将学生的学习和思考引向深入。而教师则是在学生讨论问题时俯下身子倾听并与学生共同交流探讨，在学生回答问题时来几句画龙点睛的提升和总结，引导学生从多角度去挖掘案例和视频的内涵，引导学生调动知识在具体的情境中分析和解决问题。教师结合学生对视频的感受和对案例的分析，给予及时的鼓励、评价，或对学生的困惑和解决问题的偏差给予适时的引导，从而引导学生同违法犯罪行为作斗争时，一定先要保护好自身的人身权利，然后用法律和智慧去解决问题，提倡见义"智"为和见义"巧"为。将学生引向真、善、美的同时，使学生掌握正确维权、正确同违法犯罪行为作斗争的途径、方法和重要性，学生真正学有所获、学有所悟、学以致用。课堂融洽、和谐、活跃，师生教学相长，这也正是新课程的精髓所在。

本节课最大的亮点在于能够依据学情，选取学生熟悉又是整个社会热点和焦点的真实案例，如家暴、校园欺凌、考试作弊、生活中的规则等，而且这些案例都是以正面教育、正向引导为主的，由师生共同进行角色表演，学生从中看到自己的影子，感到很亲切、很生动，这样就创设了贴近学生生活，有利于学生学习的一系列生活化的教学情境，便于挖掘学生的潜力。正是在"设置情境—提出问题—学生讨论—达成共识—解决问题"的清晰思路下，优化课堂教学的每一个环节，学生的主体作用和教师的主导作用被充分发挥出来，师生共同进行探究性学习，在这种状态下，学生或凝神倾听，或热烈讨论，或潜心思考，或积极争辩，或大胆陈述。通过开展活动，学生从单一的、被动的接受式学习方式转化为自主学习、合作学习、探究学习等新的学习方式，从而获得直接的体验与经验，调动了学生的主动性、创造性和实践能力。因而学生在课堂上时时地展现出精彩的表现，如在谈到对规则的感受时，一位学生的回答特别精彩："看了这两段视频我感慨万分。第一个视频考试作弊就会受到相应的法律惩罚，第二个视频的镜头中一切井然有序。所以，我想要从小事做起，培养遵守规则的意识，这样我们的社会会更加美好。"

总之，道德与法治课堂应以正面案例和材料为主，创设直观、形象的教学情境，丰富学生的教学实践活动，发展学生人文底蕴、科学精神、学会学习、健康生活、责任担当、实践创新的核心素养，对学生进行良好的道德和法治方面的情感教育，从而体现新课程的基本理念。

（注：该课例在教育部2018年"一师一优课、一课一名师"评选中获银川市一等奖、自治区一等奖、部级优课。）

《依法履行义务》教学课例

[教材依据]

本课为道德与法治教育部统编人教版教材八年级下册第二单元《理解权利义务》第四课《公民义务》中的第二课时《依法履行义务》。本课共有三个板块的内容。一是权利义务相统一，主要阐述权利与义务的关系、应如何对待权利与义务。二是法定义务须履行，主要阐述法定义务的特征、法定义务的内容、为什么要履行法定义务和如何履行法定义务。三是违反义务须担责，主要阐述什么是违反法定义务的行为及违反法定义务应当承担的法律责任。

[学情分析]

为深入贯彻党的十八届四中全会关于"将法治教育纳入国民教育体系，从青少年抓起，在中小学设立法治知识课程"的要求，教育部统编人教版初中道德与法治教材八年级下册为法治专册。八年级学生年龄尚小，步入社会的时间不长，认知水平和能力有限，特别是法律知识抽象复杂，学生理解起来较为困难。虽然通过前面的学习，在学生的认知结构中，对公民的权利与义务有所了解，已经初步树立起法治意识，但对公民权利、义务的关系理解起来仍有困难。同时，生活中存在较多只享受权利而不愿意履行义务的现象，学生在从众心理的驱使下容易模仿，对于自觉履行哪些法定义务及如何依法履行义务学生也较为模糊。因此，本节课的学习对于八年级学生来说，有助于帮助学生树立正确的权利与义务观，知道法律要求做的必须去做，法律禁止做的坚决不做，明确违反法定义务的后果，有助于进一步巩固学生的法治意识。

[教学目标]

1.通过学习认识到公民要树立正确的权利和义务观，自觉履行义务，增强社会责任感，提升公民素养，自觉承担对他人、社会和国家的责任。增强法治意识，法律要求做的必须去做，法律禁止做的坚决不做，自觉维护宪法和法律的权威。

2.能通过生活中自己权利的实现需要他人付出的努力，以及履行义务对自己和他人重要意义的体验和反思，理解并正确看待权利与义务的关系，提高辩证思维能力和反思自我的能力。通过案例的分析和探究，学会运用所学知识来分析理解法定义务的特征，辨别公民应依法承担什么性质的法律责任，提升学生运用法律知识分析和解决生活中实际问题的能力。

3. 通过"运用你的经验"中学生的分享、"探究与分享"中学生观点及案例分析活动，理解权利与义务的关系，知道权利与义务相统一的正确做法，知道如何履行法定义务，明确哪些是法律要求公民必须做出的行为和禁止做出的行为，知道违反法定义务须承担的法律责任。

[教学重点]

法定义务须履行；违反义务须担责。

[教学难点]

权利义务相统一。

[教学准备]

教师：研读并吃透课程标准、青少年法治教育大纲和教材，理清教学思路，根据教学内容改编、整合教材中的案例，搜集辅助教学的相关资源，制作希沃课件。

学生：结合自己生活的经历和体验，查找相关法律法规完成辅助教学的视频录制。

[教学过程]

引言：同学们好，欢迎收看"空中课堂"。上节课我们学习了八年级下册第四课《公民义务》的第一框"公民基本义务"，今天我们学习第二框"依法履行义务"。作为公民，我们依法享有权利，也应依法履行义务。那公民应如何依法履行义务呢？让我们进入今天的学习与探究活动。

第一部分：权利义务相统一

（过渡）依法履行义务，先要理解权利和义务的关系。

请同学们看教材52页的"探究与分享"中两名同学的观点。观点一：权利和义务如影随形，没有无义务的权利，也没有无权利的义务。观点二：权利与义务是完全对等的，我享受了多少权利，就应履行多少义务。

设计意图：以两名同学的观点引出权利与义务的关系这一教学难点，引发学生的疑问。

那么，谁的理解正确呢？带着这个疑问，我们看教材52页"运用你的经验"中的两个问题：

1.列举一项你所享有的权利，说说这一权利的实现需要他人付出怎样的努力。

2.列举一项你所承担的义务，说说履行这一义务对自己和他人具有什么意义。

一起听听同学们的分享。（播放视频）

设计意图：以学生的生活经历和体验录制的视频来突破教学难点，化抽象为直观，激发学生的学习兴趣。

（课件思维导图）通过以上同学的分析，大家能体会到，同学们享有的受教育权利，是父母、学校、老师及纳税人在履行义务的基础上实现的。同时，正是由于我们的父母、我们自己、老师及其他公民履行了劳动的义务，从而促进了自己、他人人身权利、财产权利和受教育权利等多方面权利的实现。今天我们受教育权的充分实现，可以让我们掌握知识、学会做人、增长才干，又能激发我们每一个公民的主人翁意识，调动我们履行义务的积极性和主动性，将来长大后自觉承担对国家、社会和家庭的责任，促进国家发展、社会进步和家庭幸福，为我们各方面权利的实现提供和创造更好的条件。因此，公民的权利与义务相互依存、相互促进。权利的实现需要义务的履行，义务的履行促进权利的实现。

（课件思维导图）通过刚才同学们的分析，我们发现，公民既是合法权利的享有者，又是法定义务的承担者。我国宪法规定，任何公民享有宪法和法律规定的权利，同时必须履行宪法和法律规定的义务。从刚才同学的分析中，我们也看到，公民某些权利同时也是义务。例如，劳动和受教育既是公民的基本权利，也是公民的基本义务。因此，权利与义务是相统一的。（板书）

设计意图：思维导图能将复杂的抽象的知识条理化、清晰化，既便于学生理解权利与义务相统一的知识，又便于学生把握知识之间的逻辑关系，培养学生的逻辑思维能力。

（课件展示）我们回过头来看看教材52页"探究与分享"中两名同学的观点，观点一是正确的，公民的权利与义务是相对应而存在的，二者相互依存、相互促进。权利的实现需要义务的履行，义务的履行促进权利的实现。观点二是错误的。权利与义务是统一的，二者不可分割，但是我们不能把权利与义务的关系绝对化，认为权利与义务是完全对等的，会导致把履行义务作为行使权利的筹码，割裂权利与义务的统一关系。

我们正确的做法是：坚持权利义务相统一，任何公民既不能只享受权利而不承担义务，也不应只承担义务而不享受权利。我们不仅要增强权利意识，依法行使权利，而且要增强义务观念，自觉履行法定义务。

设计意图：照应教材52页"探究与分享"中两名学生的观点，解答学生疑问，同时深化学生对权利与义务关系的理解，澄清学生认识上的误区，知道坚持权利与义务相统一的正确做法。不但有利于学生增强权利意识，依法行使权利，而且有利于学生增强义务观念，自觉履行法定义务。

第二部分：法定义务须履行

（过渡）那什么是法定义务？公民的法定义务有哪些呢？请同学们看教材53页的"探究与分享"。

（展示案例并配音频）小颖和妈妈到一家百货商店购物，在付款时，不小心将车钥匙落在收银台上。她们返回商店寻找，捡到钥匙的店员却说钥匙是自己捡到的，凭什么归还，要归还就得"请客"。在争执的过程中，小颖的妈妈气愤不过，给了店员一记耳光。有人打电话报警，警察了解情况后，责令店员归还捡到的车钥匙，并对小颖的妈妈作出警告和向店员赔礼道歉的处罚。

请思考：拾得他人财物是否要归还？请谈谈你的看法。

请听听同学们的分享。

同学们从道德和法律层面谈了自己的看法。

老师的看法是：（课件）拾金不昧是传统美德，也是法定义务，店员既没有因寻找失主而支出相关费用，也没有在之前与失主约定支付酬金，当然要无条件归还拾得财物。我国刑法第二百七十条规定："将代为保管的他人财物非法占为己有，数额较大，拒不退还的，处二年以下有期徒刑、拘役或者罚金；数额巨大或者有其他严重情节的，处二年以上五年以下有期徒刑，并处罚金。将他人的遗忘物或者埋藏物非法占为己有，数额较大，拒不交出的，依照前款的规定处罚。"

（课件）法定义务是由我国宪法和法律规定的，具有强制性。自觉履行法定义务，是公民不可推卸的责任。

设计意图：将教材53页"探究与分享"中的案例及设问进行了适当改编，通过学生查阅相关法律条文对"拾得他人遗失物是否要归还"这一问题的看法录制视频，从道德和法律的层面与教师共同进行剖析，突出了法定义务具有强制性的特征，并对学生适时地进行法治教育。同时，也为后面不承担法定义务带来的后果的学习做了铺垫。

（过渡）如果不履行法定义务会有什么后果呢？请同学们看教材53页和55页的"探究与分享"。

（课件展示55页的案例并配音频）小斌等几名15岁的学生多次纠集在一起，使用暴力、言语威胁等手段，抢劫其他未成年人财物，后被公安机关抓获。经法院审理，小斌等人的行为构成抢劫罪，被判处有期徒刑。

请思考：店员拒不归还拾到的车钥匙及小颖的妈妈打人被处罚，小斌等人因触犯刑法身陷牢狱，我们从中得到怎样的警示？

（课件展示）警示：（1）依据法律规定，有的法定义务，要求公民必须做出一定行为，如捡到东西要归还等，公民必须按照法律要求去做，否则，就可能构成违法甚至犯罪，会受到法律的追究。我们要依法履行公民义务，法律要求做的必须去做。（2）我国法律明确规定禁止公民实施某些行为，如禁止抢劫他人财物等。我们要依法履行公民义务，法律禁止做的坚决不做，否则，会受到法律制裁。

设计意图：综合运用教材53页、55页"探究与分享"中的两个案例深入探究公民应如何履行法定义务这一教学重点，在分析案例中加深理解并对学生进行不履行法定义务给自己带来严重后果的警示教育。

（过渡）那法律要求公民必须做出和禁止做出的行为还有哪些呢？

（课件展示）请同学们看教材54页"探究与分享"。

思考：我国法律要求公民必须做出的行为都有哪些？

（课件展示）履行受教育的义务、依法服兵役、遵守交通规则、保护野生动物、遵守公共秩序、依法纳税等。因此，法定义务须履行。

我国法律要求公民必须做出的行为还有哪些？

（课件展示）爱护公共财产；被确诊患有恶性传染病的，应该接受隔离、及时就医；发现危害国家安全的行为及时报警；父母抚养教育未成年子女的义务；成年子女赡养扶助父母的义务；等等。因此，法定义务须履行。（板书）

那我国法律禁止公民做出的行为有哪些呢？

（课件展示）禁止非法搜查公民的身体；禁止虐待老人、妇女和儿童；禁止非法搜查或者非法侵入公民的住宅；禁止他人干涉、盗用、假冒公民的姓名；禁止任何组织或者个人用任何手段侵占或者破坏自然资源；等等。因此，法律禁止做的坚决不做。

设计意图：用好教材54页"探究与分享"中的活动，并创造性地补充活动，让学生查阅宪法和法律相关规定，明确法律要求公民必须做出的行为和禁止做出的行为有哪些，使教材知识体系更完整，并加强对学生维护宪法和法律尊严的法治教育。

第三部分：违反义务须担责

（过渡）让我们再来看看违反法定义务必须承担的法律责任。请同学们继续看教材53、55页"探究与分享"中的案例。

请思考：拒还车钥匙的店员、小颖的妈妈、小斌等人的行为为什么是违反法定义务的行为？分别应该承担什么性质的法律责任？

（课件展示）小颖的妈妈打人、小斌等人抢劫未成年人财物，实施了法律所禁止的行为。店员拒还车钥匙，没有实施法律要求做的行为。因此都是违反法定义务的行为，必须承担相应的法律责任。店员违反民法通则、物权法等民事法律的相关规定，应当依法承担民事责任，归还人家的车钥匙；小颖的妈妈违反治安管理处罚法等行政法律的相关规定，应当依法承担行政责任，被公安机关警告处罚并向店员赔礼道歉；小斌等人抢劫他人财物，触犯刑法，构成抢劫罪，应当依法承担刑事责任，被判处有期徒刑。因此，违反义务须担责。（板书）

设计意图：围绕法定义务须担责这一教学重点，继续深挖案例，将案例中的内容进行透彻而深入的分析，让学生界定违反法定义务的行为，明确所触犯的法律和应当承担的法律责任，有利于学生树立自觉履行义务，自觉承担社会责任的意识。

（本课小结，课件思维导图）本节课我们学习了依法履行义务。首先权利义务是相统一的，要明确权利与义务的关系，依法行使权利自觉履行义务。其次，法定义务须履行，法律要求做的必须去做，法律禁止做的坚决不做。最后，违反义务须担责，知道违反法定义务的行为会承担相应的法律责任。

课外实践作业

（课件）结合所学知识，任选学校、家庭、社区、旅游景点、交通等任意一个领域，撰写积极履行义务的倡议书。

设计意图：学以致用，在实践中将知转化为情和行。

（结束语）同学们，作为公民，如果义务观念淡薄，对他人、社会与国家缺乏担当，不履行自己的法定义务，就会受到法律的制裁。因此，我们要增强义务意识，认真履行法定义务，主动承担社会责任。

设计意图：对学生提出要求，升华知识的学习，强化学生的义务观念、责任意识和法治意识。

[板书设计]

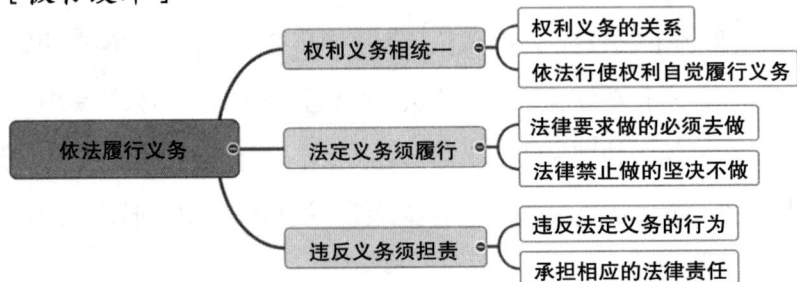

[教学反思]

本节课是一节法治教育课，以学生逐步扩展的生活为课程设计的核心，以活动情境教学法和案例分析法为主要的教学方式，以参与式教学作为学生主要的学习方式，充分运用教材中的"运用你的经验""探究与分享"中的活动与案例，创造性地开发文本资源和视频资源，以学生的生活体验及学生观点辨析来突破教学中的难点"权利与义务相统一的关系"，以直观而逻辑严密的思维导图呈现教学内容，化难为易，使学生能深入地理解知识，发展能力，获得正确的认识。透彻并创造性地挖掘"商店购物""小斌等人抢劫未成年人财物"两个案例，突破"法定义务须履行""违反义务须担责"两个教学重点，引导学生在案例分析中理解知识，发展能力，提升法治意识。

在本节课教学设计中，课堂教学不仅突破知识点，更联系学生生活实际，在学习过程中，充分利用"互联网＋"与初中道德与法治学科教学的深度融合，发挥交互式电子白板辅助教学的功能，利用各种互联网技术积极开发文本及视频等数字化教学资源，创造性地运用教材中的"探究与分享"等主栏目，引导学生走进生活、关注生活、思考生活，强化法律认知和情感体验，体现了坚持正确价值观念的引导和学生独立思考、积极实践相统一的课程基本理念，培养学生分析和解决问题及开展实践活动的新思维、新方法、新能力。坚持对学生的思想性、法治性引导，彰显人文性，注重实践性，体现综合性，实现知、情、意、行的统一，使学生的创新意识、创新能力得到发展，使学生的辩证思维能力、法治能力、义务观念、责任意识、宪法和法律意识有所提升，体现了帮助学生过积极健康的生活，做负责任的公民这一课程的基本原则。

（注：该课例作为2020年度宁夏"空中课堂"精品课例被自治区教育厅收录。）

《让家更美好》教学课例

［教材依据］

本课所依据的课程标准的相应部分是"我与他人和集体"中的"交往与沟通"。具体对应的内容标准是："体会父母为抚养自己付出的辛劳，孝敬父母和长辈。学会与父母平等沟通，调适'逆反'心理。增强与家人共创共享家庭美德的意识和能力。""让家更美好"是教育部统编人教版道德与法治教材七年级上册第七课《亲情之爱》第三框内容。教材有两部分内容，第一部分"现代家庭面面观"，通过对比过去家庭，阐述现代家庭在家庭结构规模、交流沟通方式及家庭观念氛围方面发生的变化。第二部分"和谐家庭我出力"，承接第一部分随着家庭的变化，家庭成员在价值观念、生活方式上的差异，也引发了一些家庭冲突和矛盾，只有运用巧妙的方法才能化解，让家更美好。在这个过程中，作为家庭成员的"我"显得尤为重要。

［学情分析］

初中学生逐渐进入青春期，由于特殊时期的生理变化、心理特点以及来自学业与生活的压力，一方面想要得到父母的呵护、关注和关爱，享受家庭的温暖与亲情，另一方面一些父母在爱的名义下，对孩子严加管束，让孩子感觉到他们的"专制"，产生逆反心理。同时，家庭生活中的磕磕绊绊在所难免，亲子之间、夫妻之间、婆媳之间、兄弟姐妹之间的冲突和矛盾，这些冲突和矛盾如果得不到解决，势必会影响家庭的和谐，影响孩子的健康成长。因此，探讨初中学生与亲人亲密又复杂的关系，找准其发展规律和解决路径对亲人之间关系的协调、构建美德之家，让家更美好具有重要意义。

此外，初中生在不断扩展的社会生活中需要学会与各种各样的人打交道。培养与亲人之间的沟通交往能力，既是学生现实生活中必须面对的实际问题，又有助于提高他们的社会适应性。

[教学目标]

1. 认识到家庭文化建设、家庭美德建设，建立和谐亲子关系，营造和谐家庭氛围的重要性，认同家和万事兴的家庭文化观念，增强构建和谐家庭的责任意识，树立家庭责任感，树立共建共享家庭美德意识。

2. 了解家庭结构的变化和现代家庭的特点。了解家庭成员在交流和沟通方式上及家庭观念和氛围上逐渐发生的变化。

3. 掌握创建和谐家庭的创新方法与技能，运用方法和技能分析和解决家庭中的冲突与矛盾，培养学生促进家庭美好的创新思维能力，促进家庭成员之间的交流与互动，提高传承中华家庭文化传统美德的能力。

[教学重难点]

教学重点：理解、掌握现代家庭沟通和交流方式，树立民主、平等的家庭观念。

教学难点：构建和谐家庭的途径和方法。

[教学方法]

充分利用信息化教学手段，借助信息化教学平台——宁夏教育资源公共服务平台，将学生家庭生活中的感人教学资源、形式予以整合、提升，形成以学生为中心的教育环境，以体验式、启发式、互动式、探究式等情境教学方法为主，综合采用故事教学、情境模拟、角色扮演、心灵告白等多种教学方法，引导学生生动活泼地学习，培养学生的学习兴趣。

[**教学准备**]

教师：研读并吃透课程标准和教材，理清教学思路，根据教学内容改编、整合教材中的教学资源，搜集辅助教学的相关资源：主要是编排家庭生活冲突与矛盾的情景剧，同家长沟通录制一段想对孩子说的话，内容围绕对孩子的鼓励、信任及回顾父母严格要求孩子或别的原因与孩子发生矛盾时自己的反思，主要体现针对孩子的逆反表达父母的理解、包容、体谅、谅解等；搜集家长辛苦工作默默为孩子付出的照片、微信朋友圈、聊天的截图等。从宁夏教育资源公共服务平台中的班级群选取学生分享展示的预习成果，制作并美化好希沃课件。

学生：以小组为单位，结合自己的家庭，准备不同年代的全家福照片，准备一组家庭生活的照片，包括一起就餐、一起看电视、一起学习、一起做家务、一起旅游、一起娱乐、一起克服困难、一起相互照顾等温馨的生活照片，就"结合历史和社会的演进，对比过去家庭，现代家庭发生了哪些变化"这一问题，分享交流并将交流成果发到宁夏教育资源公共服务平台的班级群里，做好分享展示的准备。

[**教学过程**]

（一）**导入新课**

教师：同学们，提到"家"，相信我们有很多想表达的情感，请大家先来观看一段视频。（播放视频）

视频内容：班级部分同学一家人享受幸福时光电子相册。

提问：如果让大家用一个词或一句话来形容看完视频后的感受，你最想说的是什么呢？

生1：家庭美满。

生2：温馨和睦。

生3：其乐融融。

生4：家是幸福的港湾。

教师导语：正如同学们所说，家是我们心灵的依靠，是甜蜜、温暖、轻松的避风港。让家更美好，是我们幸福的源泉，也是每个家庭成员的愿望。今天，我们一起来探讨"让家更美好"这个话题。（出示白板课题）

设计意图：回顾学过的知识，达到温故知新的目的。视频图片采集班级学生的家庭合照，能最大限度地调动同学们的观看兴趣，参与课堂。

（二）新课讲授

活动一：爱的分享

教师引导提问：从刚刚观看的视频中，细心的同学会发现，画面中既有过去的家庭，也有现代的家庭。那么，随着社会历史的演进，与过去家庭相比，现代家庭都发生了哪些变化呢？课前，老师给各学习小组布置了一项任务，让大家结合自己的家庭，分享随着社会历史的演进，与过去家庭相比，现代家庭发生了怎样的变化。同学们积极准备，有请3个小组分享。

首先有请第一小组为大家展示。

展示内容：大家好！首先来看这两幅照片是由几代人组成的呢？

学生答：第一幅是由四代人组成的，第二幅是由两代人组成的。

展示的学生：你刚刚说的是家庭结构和规模的变化，由大家庭逐步趋于小家化。（另一位同学板书：结构和规模）

展示的学生：再来看这三幅照片，第一幅照片是由几代人组成的呢？

生1：是由四代人组成的，我们称之为"四代同堂"。

展示的学生：第二幅照片是由几代人组成的呢？

生2：是由三代人组成的。爷爷奶奶、爸爸妈妈和未婚子女组成的。

展示的学生：第三幅照片是由三代人组成的，是"三代同堂"

生3：两代人组成的，是由父母和未婚子女组成的。

现在同学们对号入座：谁是属于主干家庭？谁是属于核心家庭？谁是大家庭？

学生举手回答，分享完毕。

教师：接下来有请第二组同学为大家分享。

展示内容：大家好！首先我向大家介绍一张我家的全家福。常听我爷爷说，在外想家的时候会给家里写信，有急事或者大事的时候会给家里发电报，但是电报太贵，所以以写信为主，后来渐渐有了呼机、固定电话等，再后来才有了手机，但是网速比较慢。我想问同学们：你们常用的通话方式有哪些呢？（另一位同学板书：交流　沟通方式）

生1：我更喜欢用视频聊天的方式跟家人沟通。

生2：我喜欢用打电话的方式和家人沟通。

展示同学：看来同学们和我一样，喜欢用微信、QQ、电话等方式和家人沟通。以上是我和大家分享的家庭交流沟通方式的变化，谢谢大家！

教师追问：视频、打电话等这些沟通交流的方式有什么好处呢？

生1：这样更加快捷。

生2：我喜欢视频聊天的方式，这样与家人沟通更加有温情。

生3：我也喜欢视频聊天的方式，如果长时间跟家人不见面，这样可以看到家人的容貌，与家人的感情会更加亲密。

教师过渡：接下来我们有请第三小组的同学为大家分享。

第三小组展示内容：我给大家播放一组日常生活的镜头。（播放电子相册）

展示同学：在节假日，我会和家人一起散步、看电影、做好吃的等，这样会使家庭的关系更加平等、和谐。如果父母有做错事的时候，作为子女，我也会给他们指出来。（另一位同学板书：家庭氛围民主）

教师追问：这样做有什么好处呢？

生1：我觉得能让家庭氛围更加民主和谐，使家庭更加和睦。

教师引导总结：感谢我们三个小组的分享。听完了三组同学的精彩分享，谁来给我们总结一下：随着社会历史的演进，现代家庭发生了哪些变化？（学生总结并补充）

生1：第一个变化是家庭结构有所变化，过去家庭一般是由三代、四代人组成的大家庭，而我们现在的家庭都变成了小型化的主干家庭或核心家庭。第二个变化是我们的交流沟通方式有所变化，现在变得更加方便一些。第三个变化是家庭氛围变得更加的民主、平等、和谐。

教师追问：还有什么变化呢？比如我们的家庭成员意识到了什么的重要性？

生2：现代家庭意识到学习的重要性，在创建学习型家庭。

教师追问：你是怎么理解的？

生2：我的爸爸妈妈在阅读一些文化书籍，我和爸爸妈妈一起阅读，家里有了亲子共读时光。

教师追问：爸爸是通过一些什么平台来学习？

生1：会用手机、电脑等这些智能化的工具进行学习。

教师总结过渡：正是由于现代家庭发生的这些变化，使得很多同学的家庭生活幸福、美满。当然，我们的家庭生活并不都是和风细雨的，有时也会发生磕磕绊绊。下面我们来看看这两个家庭发生了怎样的冲突与矛盾。（播放两段视频）

设计意图：通过小组活动，人人参与将成果分享到宁夏教育资源公共服务平台中的班级群里，通过对比过去家庭与现代家庭发生的变化及与同学们的互动，共同学习现代家庭发生的变化，体验方便、快捷、现代化、智能化的家庭沟通交流方式、民主平等的家庭氛围、家庭成员学习意识的增强对于构建和谐、幸福家庭的重要意义。将课堂真正还给学生，使学生成为课堂的主人、学习的主体，能促进学生更好地学习知识，提升情感。调动学生的积极性与主动性，让更多的学生参与到课堂中，从而达到使学生乐学、好学的目的。培养学生搜集处理相关信息，用辩证的发展的眼光看待家庭的变化等创新思维、创新能力和信息化水平。

活动二：爱的碰撞

第一段视频：爸爸因与公司老板发生电话冲突，带情绪与儿子沟通产生矛盾，相互不体谅，父子关系恶化。

第二段视频：乡下的父母不愿意待在儿子家，留下书信悄然回老家，表达自己的情感。

教师提问：视频中的爸爸暴跳如雷，儿子顶撞摔门而去；年迈的父母不愿待在儿子家中。那是什么因素引起了这两个家庭的冲突和矛盾呢？请结合视频和现实生活说说。

生1：因为两代人的思想观念不同导致两代人发生冲突矛盾。

教师追问：能具体说说吗？

生1：比如第一个视频中，爸爸不理解儿子学习的辛苦，儿子也不体谅爸爸工作的辛苦，所以造成了两个人之间的矛盾。

生2：第一个视频产生冲突的原因是出现了沟通上的问题。爸爸在与公司老板吵架之后带着情绪跟儿子沟通，所以非常生气，爸爸不能把这种怒气转移到儿子身上。

生3：第二个视频父母与子女之间产生矛盾是因为儿子和儿媳不够理解父母。父母变老了，他们的动作、语言都缓慢了，应该多给他们时间，多理解老人。

教师补充：还存在生活方式上的差异。

生4：第二个视频还有子辈对父母缺少耐心，缺少陪伴。

生5：第二个视频中，子女可能对父母嫌弃。我觉得儿子应该多换位思考去体谅父母，因为我们每个人都会变老。

教师补充：应该要将心比心。

生6：还要包容父母。

教师补充：可能还有父母对儿子唠唠叨叨，这是因为价值观不同。

教师总结：这些都是父母与子女发生矛盾的一些因素。当然，以上视频只是家庭冲突和矛盾的一个缩影，还有哪些矛盾？你能列举吗？

生1：家庭中有时还有父母之间的矛盾和冲突。

生2：婆媳之间的冲突和矛盾。

生3：兄弟姐妹之间的矛盾和冲突。

教师总结过渡：家和万事兴，家庭成员之间和睦相处是家庭美满幸福的重要条件。请大家以学习小组为单位，运用教材85页提供的"方法与技能"，结合引发家庭冲突和矛盾的因素，小组讨论如何化解家庭冲突和矛盾，让家更和谐、更美好？你又能做哪些事呢？请大家分组讨论。

设计意图：孩子们平时经常经历写作业挨批，被父母恨铁不成钢指责、打骂等类似的事情，只是敢怒不敢言，所有的不满都积压在心里。而家庭中的冲突和矛盾总是在所难免的。这两个视频分别是班里孩子和老师饰演家庭中的儿子和父亲来拍摄以及从微信平台上获取的。视频内容取自生活中的场景：辅导作业和年迈父母与子女难相处。在观看视频的过程中，学生很容易产生共鸣，可见，充分了解学生，选取贴近学生生活实际的素材，才能把课上到学生心里去。

活动三：爱的智慧

（讨论结束，汇报交流）

交流内容如下：

小组1：我们小组认为当家庭成员发生矛盾的时候，我们应该保持中立态度，不能偏袒任何一方，要不就会变成新的矛盾；还有同学认为，父母之间发生矛盾后碍于面子不和解的时候，我们就要去充当一下搭桥的人。

教师补充：我们要发挥黏合剂的作用。（板书：黏合剂）

生2：当父母吵架的时候，我们还要调节，比如：在爸爸面前说妈妈的好，在妈妈面前说爸爸的好，这样就让他们意识到对方的好，能够促进相互理解。（教师板书：互相理解）

生3：当爸爸妈妈吵架的时候，我们要倾听他们的心声，然后我们可以找到一个好方法去调解他们之间的矛盾。

生4：我们以好的心态面对弟弟妹妹的到来。对于父母偏爱兄弟姐妹，我们应该多包容。

生5：当爸爸在工作上遇到不顺心时，应该多关心他们的情绪变化。

生6：当发生家庭矛盾的时候，我们要有"退一步海阔天空"的格局，相互体谅。

生7：我们也能为家庭做一些力所能及的事，这样父母心情会好很多，家庭矛盾自然就会少很多。

教师总结：听到同学们分享的这么多切实可行的"金点子"，老师很吃惊。小小的你们脑中藏着大大的智慧。我想，我们的父母如果知道，也一定会为你们感到自豪。

设计意图：教材中的知识是明确的，但是如何运用知识在具体情境中分析和解决实际问题，是创新素养中创新思维和创新能力及创新方法的核心。此环节正是体现了培养学生创新素养的要求。"如果你有一种思想，我有一种思想，彼此交换，我们每个人就有了两种思想，甚至多于两种思想。"同学们通过充分的讨论，不但能够完全地参与到课堂之中，还能从同学身上学到很多方法与技能，帮助自己解决实际生活中遇到的问题，增强了作为家庭小主人为和谐美好家庭的建设出力做贡献的强烈愿望。

教师过渡：同学们，那你们了解自己的父母吗？你们知道他们有多么爱你吗？下面，我们来观看一段视频。播放视频：《爱的发觉》

活动四：爱的发觉

视频内容：本班家长告白视频。如：父母没有表达出的深情，父母变老照片特效，父母在，爱就在、家就在等。

设计意图：视频充分利用互联网技术，信息采集自学生父母，共分为三部分。第一部分讲述父母隐藏的疲倦。第二部分讲述父母最想对孩子说的话。第三部分用抖音特效"一起变老"拍出了父母渐渐变老后的样子。让学生从内心深处受到触动，打开情感的闸门。

活动五：爱的告白

爸爸妈妈，我想对您说——

教师：同学们，你们眼中坚强、乐观、轻松的父母，其实可能已经承受了很久的生活重担；你们烦透了的唠叨里，饱含着无限的深情；你们年轻貌美的妈妈，你们身强力壮的爸爸有一天也会变老、变丑、变得需要依靠你们。此刻的你们有什么想对爸爸妈妈说的呢？请写在老师发给大家的卡纸上。（学生书写爱的告白并课下分享）

教师要求：请大家回家之后把你的告白以合适的方式送给你们的爸爸妈妈，把它们送到爸爸妈妈的心里。

教师总结：老师相信，只要通过我们所有人的共同努力，我们的家庭一定会越来越美好，我们的亲情也会越来越浓！

设计意图：这个年龄段的孩子们既想脱离父母的束缚，又想父母可以对自己多一点关心、理解。血浓于水，亲子之间永远有割舍不断的血脉深情。通过这个告白环节，学生可以检视自己的不足，发觉自己内心深处对父母的依恋，进而表达出对父母的爱意。

[板书设计]

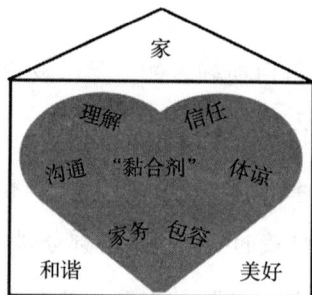

让家更美好

[教学反思]

本节课的亮点：

1.本节课从一组温馨的学生家庭合照画面入手，在背景音乐中把学生带入了甜蜜、温暖、轻松的课堂氛围中，既回顾了前面所学习的"家的意味""爱在家人间"中的内容，又为后面学生想要进一步表达的情感埋下伏笔，很自然地引入了新课。在新课学习过程中，一共设计了五个环节，这五个环节分别是"爱的分享""爱的碰撞""爱的智慧""爱的发觉"和"爱的告白"。环节之间环环相扣，由分享家庭幸福美满的状态到直面家庭冲突和矛盾，从解决家庭冲突和矛盾再到回归家庭感受家庭成员相互理解的和谐状态。对学生正确处理家庭冲突和矛盾做了很好的引导，有利于学生理性看待家庭中的各种关系，并在妥善处理家庭纠纷中起到良好、积极的"黏合剂"作用，引导学生过积极健康的家庭生活，做负责任的家庭成员。

2.课堂教学不仅突破知识点，更紧密地联系学生生活实际。在学习过程中，充分利用"互联网＋"与初中道德与法治学科教学的深度融合，发挥交互式电子白板辅助教学的功能，利用各种互联网技术平台积极开发视频等数字化教学资源，创造性地运用教材中的"探究与分享"等主栏目，引导学生走进家庭生活，关注家庭生活，思考家庭生活，分析家庭生活。在知识和情感的生成过程中，在运用教材和知识中，锻炼了能力，拓展了思维，强化了家庭认知和情感体验，体现了坚持正确价值观念的引导和学生独立思考、积极实践相统一的课程基本理念，有效地培养学生分析和解决问题及开展实践活动的创新思维、创新方法、创新能力。

本节课的不足之处：课堂的调控还有待加强，时间的把握还不够紧凑，学生动了真情所书写的心灵告白可以将课堂效果推向最高潮。由于时间关系来不及展示，为课留下了遗憾。

（注：该课例在2021年3月全区中小学"互联网＋创新素养教育"优质课评选中获自治区一等奖，并被评为自治区精品课。）

《遵守规则》教学课例

[**教材说明**]

本课内容是教育部统编道德与法治教材八年级上册的第二单元第三课第二框，在学生懂得维护社会秩序靠规则的基础上，进一步引导学生探讨我们面对规则的态度："自觉遵守""坚定维护""积极改进"。本课共有三目内容，主要从自由与规则的辩证关系出发，使学生增强遵守规则的自觉性。同时还要认识到帮助他人遵守规则，即维护规则，懂得在社会变迁的基础上学会改进规则。本课所依据的课程标准的相应部分是"我与国家和社会"中的"积极适应社会的发展"。具体对应的内容标准是"理解遵守社会规则和维护社会规则对社会稳定的重要性。

[**学情分析**]

初中学生与社会接触越来越多，开始承担一定的社会责任，但有的学生却因缺乏规则意识而导致犯错，有些学生对规则的遵守主要还处于他律阶段。所以在与社会接触中，了解规则，自觉遵守规则成为学生成长过程中的重要内容。我们的课堂，就是帮助学生认识到规则的重要性，实现从他律到自律的转变，使学生自觉自愿遵守规则，提高道德素质和法治意识。

[**教学目标**]

1.明确社会规则与自由的关系，知道如何遵守和改进规则，懂得积极维护规则，参与改进规则。

2.提高自律能力，敬畏规则，做到自觉遵守规则，积极维护、改进规则。

3.树立遵守规则的意识，培养自律意识和敬畏规则的意识，形成自觉遵守规则和维护规则的理念。

［教学重点］

懂得遵守规则，维护规则。

突破方法：通过"北塔中学交通安全小记者"采访报道活动，在合作交流的过程中懂得如何做到遵守规则、维护规则，渗透了对学生道德修养、法治观念核心素养的教育。

［教学难点］

理解自由与规则的关系；如何改进规则。

突破方法：通过学生生活中的自习课问题，通过对教材资源及社会热点资源的学习，让学生感知自由与规则的辩证关系。通过学生课前深度预习、搜集资料、自主思考，以及最后的实践展示，交流随着社会的发展和时代的变迁，要积极制定规则、废除规则以及改进和完善规则并参与到规则的改进中来，渗透了对学生政治认同、法治观念和责任意识核心素养的教育。

［教学方法］

情境教学法，体验式教学法，小组合作，交流展示。

［教学过程］

（一）导入新课

教师导语：当前我们宁夏疫情防控持续处于常态化防控阶段，老师随手拍了一些人们日常生活的镜头，这些镜头有什么共同特点呢？大家来看看。

（视频播放老师随手抓拍常态化疫情防控下的商场、医院、银行、十字路口、学校学生等遵守规则的图片自制的电子相册）

教师提问：在观看视频的过程中，你发现视频中的镜头有什么共同特点呢？

生1：视频中的镜头都是有序的。

生2：视频中的镜头都是整齐的。

生3：这些镜头都是和谐的。

教师问：还有吗？

生4：这些镜头都彰显了文明。

教师追问：为什么会出现这样的场景呢？

生5：因为这些人都遵守规则。

生6：因为人人都在维持秩序。

生7：因为照片中的人都很守规矩。

教师导入：是的，人人遵守规则，社会生活才会井然有序。本节课就让我们学习第二单元第三课第二框的内容：《遵守规则》。（板书课题）

设计意图：通过对生活中不同的人在不同的场所自觉遵守规则的镜头展现，让学生感知遵守规则的重要性，点明了本节课的学习主题。

教师过渡：其实生活中的场景并非都像老师拍摄的这般美好。自习课纪律可是班主任老师最为头疼的管理问题之一，请走进《自习课风波》，让我们来看看自习课上发生的事。

（二）新课学习

议题一：自由与规则的关系

教师视频播放：《自习课风波》

视频内容：（两位同学自习课讨论问题的场景视频）

生1：在电视里的这个人跑步，参照物是地面。

生2：但我觉得参照物应该是观众，因为只有观众是静止的，才能对照出他在运动。

生1：那为啥电视中的人物跑起来时镜头就虚晃？（声音提高）

生2：那主要是因为这是在电视里面，不是在现场，所以你那种说法是错误的。电视中的镜头和生活中的镜头是反的，对吧？

生1：你没有看过电视的直播吗？（高声）

生3：你们两个能不能小声讨论？我们在做题呢。（生气）

生2：这是我们自习课讨论问题的自由，你管得着吗？（质问）

生3：可是你们两个讨论的声音太大了，已经影响到了我们上自习。（争吵）

生2：难道你要来给我们讲题？（争吵）

生4：请大家安静上自习，好吗？（大家继续上自习）（视频播放结束）

教师过渡及问题提问：咱们班的这一幕恰好被老师抓拍到了，自习课上同学们有没有讨论问题的自由？（学生活动）

生1：我认为自习课同学有交流问题的自由。但是他们不能因讨论问题声音过大，影响到其他同学的学习和思考。他们在行使自己自由和权利时，应该尊重其他同学，小声讨论问题，不能影响其他同学的思考和学习，更不应该影响班级的纪律。

教师评价：观点明确，有讨论问题的自由，然后分析了危害，给出了正确的做法。

教师追问：还有补充吗？

生2：我觉得他们有讨论问题的自由，但是要在不影响别人的前提下小声讨论。

教师追问："小声讨论"是谁规定的？

生3：我觉得自习课上讨论问题是受自习课规则的约束的，是自习课纪律的规定。

教师引导小结：也就是说自习课讨论问题不是随心所欲，是受课堂纪律的约束的。

教师板书：社会规则划定了自由的边界。

教师过渡：学校生活是这样，社会生活也是这样。接下来请看一则材料，问：崔某为什么会受到处罚？这给我们什么警示？

出示材料内容：2021年1月19日11时，疫情防控高风险的吉林省通化市某小区，崔某要外出购物，防疫工作人员对其进行劝阻，崔某不听，反而对防疫工作人员进行辱骂。当日11时40分许，崔某购物回来返回家中时，防疫工作人员再次劝告其不要外出，崔某又与其发生口角，并再次进行辱骂。崔某的行为构成阻碍执行公务，根据《中华人民共和国治安管理处罚法》第五十条第一款第二项之规定，通化市公安局东昌公安分局依法对其作出行政拘留十日并处罚款五百元的行政处罚。

（学生读材料，大家思考问题）

教师问：现在谁来回答？

生1：疫情防控高风险区的崔某对防疫人员的劝阻不听，并且对防疫人员进行辱骂，当崔某购物返回面对防疫人员的再次劝阻，崔某再次对防疫人员进行辱骂，这是侵犯他人人格尊严的行为。

生2：根据《中华人民共和国治安管理处罚法》的规定，公安机关对他予以行政拘留并处罚款五百元的行政处罚。

生3回答危害：对社会，他的行为会给疫情防控工作带来极大的障碍，破坏疫情防控秩序，影响社会治安，也可能会给国家和人民的财产带来损失等；对他人，有可能因为他的行为造成疫情传播，影响他人的生命安全及身体健康，侵犯自己和他人的生命健康权；对自己而言，他触犯法律，要承担相应的法律后果，受到相应的法律制裁。

生4：人们建立规则的目的不是限制自由，而是保证每个人不越过自由的边界，促进社会有序运行。违反规则、扰乱秩序的行为应当受到相应的处罚。

生5：自由是在规则的范围内行使的，同时规则保障了自由。

教师小结：是的，社会规则是自由的保障。（板书）

教师过渡：让我们一起看看法律是怎么规定人们的做法的。请同学们齐读宪法的规定。

（学生齐读）：我国宪法规定，公民在行使自由和权利的时候，不得损害国家的、社会的、集体的利益和其他公民的合法的自由和权利。（重点知识普及）

设计意图：通过对学生身边最常见也最让老师头疼的自习课风波，巧妙地解决了学生对自由的错误理解，在自己同伴对这种错误行为分析的过程中，学生很快意识到自由是有边界的，进一步认识到了规则划定了自由的边界，通过热点社会问题疫情防控形势下破坏规则行为的分析，朗读宪法规定的内容，对学生进行了普法教育。通过对教材资源的创造性运用，让学生认识到社会规则是人们享有自由的保障，违反规则、扰乱秩序要承担相应的法律责任，对学生进行了法治教育，渗透了法治意识核心素养的培养。通过这两个方面的学习，突破了本课的难点之一，对规则与自由的正确理解，提高了学生的辩证思维能力。

教师过渡：不同的人在规则面前有不同的态度和行为，让我们走进我校《交通安全小卫士》栏目组来看小记者的采访调查。

议题二：规则面前的不同行为

视频播放前明确问题：

1.交通规则面前，人们有哪几种行为表现？

2. 小组讨论：你如何评价视频中不同人的行为表现？（带着问题让学生观看视频）

视频内容：小记者的采访报道。

文明出行，自觉遵守交通规则，我们在行动。大家好！我是北塔中学《交通安全小卫士》栏目组的小记者。在这期栏目中，我们来到了我校附近的凤凰北街与贺兰山路口来观察行人、骑车人能否做到安全出行，自觉遵守交通规则呢？

让我们来看看吧！（以下是采访内容）

采访对象一：两个女生。

小记者：你好！刚才我看到你和你的同伴过马路时自觉遵守交通规则，我很高兴，请问你为什么能这样做呢？

女生1：我本来打算是要闯红灯的，因为看到两边没有什么车。但是我的好朋友提醒我，不让我闯红灯，让我等到绿灯亮时和她一起通行。

小记者：那你如何看待你的同伴提醒你这一行为呢？

女生1：我非常感谢她能够及时提醒我，毕竟安全第一。我不能因为侥幸心理而不把安全放在第一位。

采访对象二：小男孩。

小记者：你好！我刚才看到你是等到绿灯亮了之后才通行的，请问你平时就有这个好习惯吗？

小男孩：是的，我平时就有自觉遵守交通规则的好习惯，不管有没有车都会等到绿灯亮了才会走。我觉得这样做很安全，不会给他人造成麻烦，如果人人都像我这样做的话，交通秩序会好很多吧！

采访对象三：骑电动车的大叔。

小记者：您好！我看到您刚才是跟随机动车左转过来的，您知道这样做是违反交通规则的吗？

大叔：我肯定知道啊！电动车是非机动车，不能跟着机动车左转过来的。

小记者：这样可能造成交通事故，威胁到您与他人的人身安全，也可能会影响交通秩序。您知道，为什么还要这样做呢？

大叔：没办法啊，我着急去上班，我要赶时间，况且你看大家几乎都是这样左转过来的，所以我也就这样跟着过来了。

小记者：那我们希望您以后能自觉遵守交通规则，这样对您、您的家人和社会都有好处，您说是吗？

大叔：是的，今天我确实错了，违反了交通规则，以后我一定注意，为咱们银川市创建文明城市做点贡献。

小记者总结：在本次采访过程中通过观察我们发现：有自觉遵守交通规则的行人，也有违反交通规则的行人，还有劝阻、提醒他人遵守交通规则的行人。通过本期节目，我们希望那些闯灯越线的行人能够自觉遵守交通规则、敬畏规则，做到文明出行。在节目的最后祝愿大家身体健康，一生平安，再见！（视频播放结束）

教师：好，视频看完啦，现在让我们讨论问题。（小组问题出示）

1. 交通规则面前，有哪几种行为表现？

2. 小组讨论：你如何评价视频中不同人的行为表现？

（讨论要求：6人小组，小组长组织，记录员记录本组学生的观点，代表发言人发表观点，其他组或者同学做补充发言。）

小组讨论：计时3分钟。

讨论结束。

教师提问：谁来回答第一个问题，视频中的人有哪几种行为表现？

生1回答：视频中在交通规则面前有三种行为。第一种：自觉遵守交通规则，我看到在安全岛上安静等待绿灯的行人和车辆，在绿灯亮起时有序通过斑马线。第二种：违反交通规则，当机动车左转弯指示灯亮起时，骑自行车的同学和人们借助机动车左转弯车道直接行驶至非机动车道。第三种：维护规则，有些要跟随大队伍违规行走的同学，在同伴的劝说下停下来，等绿灯亮起时通过斑马线过马路。

（教师板书这三种行为）

教师接着问：视频中哪些人能够自觉遵守交通规则？

生2：视频中的小男孩是自觉遵守规则的行为，这体现了他的自律。

教师追问：你从哪儿看出来的呢？

生2：我从他说的话"等到绿灯亮了之后再通行，我从小就养成了自觉遵守规则的好习惯"，通过他的这些语言和行动分析，我觉得自觉遵守规则需要自律。

生3补充：小男孩还是敬畏规则的。

教师追问：为什么要这样说？

生3：因为他说："如果人人都像我这样做的话，交通秩序会好很多。"所以我看到他很认同规则。

教师评价总结：无论在任何时候、任何地方都将规则作为自己行动的准绳，严于律己，这是对规则的敬畏。我们应该学习小男孩的行为，将规则内化于心、外化于行。（板书）

教师继续追问：还有吗？

生4：我觉得自觉遵守规则还需要他律。采访中的两个女生，其中有一个本来是想闯红灯的，但是经过她同伴的提醒，就没有闯红灯。所以，自觉遵守规则需要他律。

教师总结：同时，在某些时候需要他人的提醒、劝阻及监督，这表现为他律。（教师板书：他律）

教师问：还有吗？

生5：骑电动车的大叔跟随左转的机动车转过来，这体现了他的从众心理，这是违反规则的行为。

生6：还有视频中的小女生，当她看到红灯亮起时，两边没有车就想去闯红灯，这是侥幸心理。

教师小结：从采访的过程中可以看到这些行为的产生是缺少规则意识，还有一些人是从众心理及侥幸心理。那么这些从众心理和侥幸心理有什么危害呢？

生7：我认为这种行为的危害有以下几方面：对大叔和小女孩自身来说，有可能会危及自己的生命安全和身体健康，小女孩的学业也会受到影响；大叔着急上班左转，万一出事，也会影响他的事业等；同时，这种违法行为也可能会受到相应的法律惩罚的。

生8：我觉得这不仅会让他自己受到伤害，还会威胁到他人的生命安全及身体健康，侵害他人生命健康权。同时也会给自己和他人的家人带来很大的伤害，会让家人伤心，带给他们沉重的打击。但是后来经过了小记者的提醒，大叔对自己的言行进行了反思，也认识到了自己的错误，并且承诺以后一定要改正错误，这种知错能改的态度是值得我们学习的。

教师评价并追问：分析得很全面，违反交通规则的大叔能够认识到自己的错误并且决定知错就改，这是我们值得学习的。同学们，我们有没有反思过自己违反规则的行为呢？

生1：我有时候上课会和同学说话，这样做会影响到老师上课，也会影响同学的学习。通过本节课的学习，我决定改掉这个毛病，以后上课要遵守课堂纪律，认真听课。

老师评价：我觉得此刻应该有点掌声。（同学掌声鼓励）

教师：还有同学反思吗？

生2：有时候我爸爸晚上回家晚，小区里没有了车位，他就会把车停在消防紧急通道上。我觉得他这样做，万一发生火灾，会影响救援人员第一时间救火，会造成巨大的财产损失，甚至人员伤亡。通过这节课的学习，我回家后要对他说不能把车停到消防紧急通道上。

教师评价：这位同学还反思了自己家人的行为，这很好。

教师继续问：还有没有同学发言？

生3：我有时候上下学的路上总是和同学并排骑车，通过这节课的学习，我知道了这会影响我的生命安全，我决定把这个习惯改掉。

教师评价：同学们，通过学习你们能够及时大胆反思自己的言行，并决定提醒家人的某些违规行为，这是太难得的，老师给大家点赞！

（教育学生反思自己的行为并说明正确做法，在此处对学生进行行动教育，做到课堂教育落实到行动。）

教师过渡：视频中还有一种行为大家没有说到，那就是维护规则。视频中哪些人是维护规则的呢？

生1：视频中的小记者是维护规则的行为。

教师追问：你从哪儿看出的呢？

生1补充：他在劝阻骑电动车大叔的时候说，遵守规则就不会为自己和他人带来麻烦，这是对我们所有人说的，是在维护规则。我觉得他在劝阻的时候非常有礼貌。（教师板书：有礼貌）

生2：两个小女孩中的其中一个小女孩，提醒她的伙伴不要闯红灯，这是在维护规则。而且劝阻的时候说话非常有道理，所以我觉得维护规则需要讲道理。（教师板书：有理）

生3：有些时候，我们遇到的需要劝阻的行为会有危险，这就需要注意自己的人身安全。提醒他人的时候需要注意度，就是要有节。（教师板书：有节）

教师评价：的确是这样的，这让老师想到了自习课风波，康同学同样是劝阻和提醒，为什么会引发风波呢？

生4：我觉得康同学在劝阻的时候应该注意一些礼貌用语，语气更加委婉会让人更容易接受。

教师评价并提问：你的建议真好。当我们听了同学的建议和学习了这些技巧之后，康同学，如果是现在你劝阻这两位同学，你会怎么劝阻呢？请你运用这些方法和技能现场调解自习课风波，好吗？

（现场调解自习课风波）

生1：两位同学，你们好！你们讨论问题的态度我很欣赏，是没有问题的，但是你们两个的声音有点大，影响到我和周围同学的自习。所以，你们讨论问题的时候能不能声音小一点，给我们一个安静的自习课环境，好吗？

生2：对不起，是我们两个做错了，我们没有考虑到大家的感受，以后的讨论我们会尽量声音小一点，给大家一个安静的学习环境。（鞠躬）

教师评价：你看，这是多么和谐的一幕啊！（掌声鼓励享受这和谐的一幕）

教师追问：在生活中，我们在很多时候需要维护规则，让我们来想想需要我们维护的规则还有哪些呢？

生1：看到随地吐痰的行为需要我们去维护。

生2：有人在公共场合大声喧哗时需要我们去维护。

生3：破坏公物的行为需要我们去提醒。

生4：还有在公交车上干扰司机的行为需要我们去提醒。

生5：有些人随地乱扔垃圾也是我们要提醒的。

生6：在博物馆有人用闪光灯拍照片会损坏文物，这也是我们要维护的。

生7：在校园内骑车的行为也需要我们劝阻。

生8：公共场合吸烟的行为也需要我们去提醒。

教师评价：老师发现我们同学一个个都是细心的社会小观察员，老师希望同学们在劝阻他人的时候运用我们刚才学过的这些方法及技巧，这样我们的劝阻会更加有效。也建议大家维护规则的时候要注意把自己的人身安全放在第一位。在保证自己人身安全的前提下，我们坚定地维护社会规则，这样我们的社会才会更加和谐。

设计意图：通过节目采访报道的活动设置，对学生每天过马路存在的违反交通规则的行为，以及易引发交通事故但学生视而不见的易犯行为进行分析，对学生进行规则教育，突破了本课的教学难点。

教师提问：请同学们思考，是不是所有的规则都要无条件遵守？谁愿意帮助老师解答这个问题呢？

生1：我觉得随着社会的发展和社会生活的变迁，有些规则没有存在的意义了，就需要废除，不需要遵守了；有些规则不适应生活实际，就需要改善。

教师补充：法律是特殊的社会规则，即使存在问题，但是在国家正式废除之前依然需要我们遵守。还有补充吗？

生2：我觉得随着社会的发展和社会生活的变迁，一些原来没有的规则，也需要我们制定。

教师小结：规则不是一成不变的。随着社会的发展和社会生活的变迁，一些原来没有的规则，需要制定；一些原有的规则失去了存在的合理性，需要废除；一些原有的规则不能完全适应实际生活的变化，需要加以调整和完善。因此，我们要积极参与规则的改进和完善。

教师过渡：规则不是一成不变的。随着社会的发展和社会生活的变迁，规则也要发生改变，这就需要我们积极参与到规则的废除、制定和改善的过程中去。老师课前给大家布置了任务，下面就让我们进入同学们的自学大展示环节，展示汇报交流自己的作品吧！

议题三：规则的完善

出示课前问题布置要求：

从家庭、班级、学校、社会、国家等层面社会规则的制定、废除、调整和完善中选取其中一个角度就规则的制定、废除、调整和完善进行展示汇报。改进规则，我们应该怎么做？

设计意图：在课前布置预习作业，让学生参与社会调查，提高他们参与社会的意识。在参与活动的过程中，增强了学生的责任意识，也提高了他们解决实际问题的能力，渗透公共参与核心素养教育。

学生展示汇报自己的成果。

生1展示：大家好，首先我要展示的是上初中之后我家新制定的一些规则。

起床：每天6：30起床，不能赖床，赖床会导致迟到。

早饭时间安排：早饭时，背15个单词，早饭后检查。

运动：上学期间，晚饭后进行10分钟的韧带拉伸。假期早起晨跑，晚饭10分钟之后进行10组"爬山运动"。

卫生：周六早晨9点，进行全家大扫除，于10：30结束。每天早晨将自己床铺整理好。

下面我要展示的是家里废除的规则。

起床：6：45起床。

早饭：在10分钟之内吃完（因为吃太急会影响身体健康）。

卫生：周六早晨9点安排固定的家庭成员打扫卫生。

运动：放假早起晨跑。

下面是需要调整完善的规则。

早餐：周一、三、五、日背英语单词，周二、四、六背古诗文或文言文。

作业：先复习当天所学的内容后，再做作业。

阅读：每天阅读半小时，做相应的批注。

最后，我要说的是改进家庭规则，我能做到的是：

1. 与父母寻求共识，制定完善规则。

2. 积极为改进的规则建言献策。

3. 与父母交流沟通应多听取父母意见，同时不失礼貌说出自己的观点与评价。

感谢大家的聆听！

教师评价：感谢李同学的展示，教给我们合理规划时间的办法，谢谢！接下来还有谁来展示呢？

生2展示：大家好！我们大家都知道社会规则分为道德、纪律和法律，所以我收集到的是国家法律的修改和完善。

2020年10月17日，我国新修订了《未成年人保护法》，该法自2021年6月1日起施行。本次新修订的《未成年人保护法》有以下一些亮点。

1. 四大保护变六大保护。此次修订增加了多项内容，条文从72条增加至132条，充实了大量内容，增加的字数大约为1万字。在结构上，原来的未成年人保护法是四大保护。修订后，增加了政府保护和网络保护，进一步强化了法律责任，使保护法长出"牙齿"，更具威慑力，比如增加了公安机关可以要求父母去接受家庭教育，可以对学习相关人员进行处罚，可以对相关企业进行罚款，包括吊销执照。

2. 这次修订的亮点还有国家建立性侵害、虐待、拐卖、暴力伤害等违法犯罪人员信息查询系统，此外还须每年定期查询工作人员是否具有上述违法犯罪记录。

3. 我认为对我们青少年更有帮助的是防治未成年人沉迷网络这块做得很好。针对网络社会的实际，新修订的保护法增设了网络保护专章。国家要据此建立统一的未成年人网络游戏电子身份认证系统。网络游戏服务提供者应当要求未成年人以真实的身份信息注册并登录网络游戏，并对未成年人设置时间管理、权限管理和消费管理等功能。

通过我的展示，我希望大家都能够遵守法律、牢记法规，争做法律法规的践行者和守护者，谢谢大家！

教师评价：感谢张同学精彩的展示，她是一个关注时政、政治素养特别高的孩子。希望我们大家与法同行，用法保护我们。当然，我们的积极参与可以让国家法律法规更加完善。

教师总结：让我们再次把掌声送给他们，由于时间关系，我们的课堂交流活动就到这里，课下请同学之间相互继续交流。在日常生活中，希望大家积极参与到规则的改进和完善过程中去，让规则更加适应社会的发展和生活的需要。

[小结]

教师总结："欲知平直，则必准绳，欲知方圆，则必规矩。"我们的生活中，不论是疫情防控，还是大到新时代中国特色社会主义现代化的建设，中国梦的实现都需要我们每个人敬畏规则，自觉遵守规则，维护规则，积极调整和完善规则。只有这样，我们每个人才会快乐生活，每个家庭才会幸福安康，我们的社会才会更加公平、正义、和谐。（完成板书内容）

[板书设计]

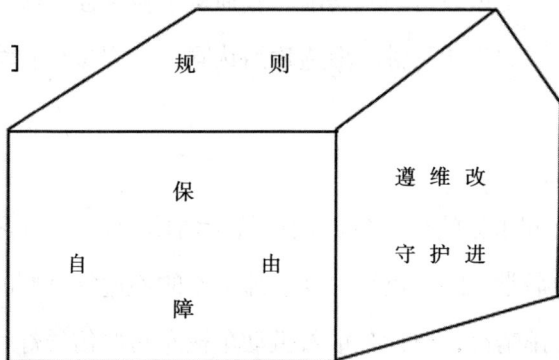

［教学反思］

本课设计思路：本节课依据2011年课程标准和银川市推进课堂变革"五项核心指标"设计，在课堂中力求渗透学科核心素养。

（一）教学中体现课程性质，关注学生生活，将学科核心素养的培育渗透其中

道德与法治课程是"一门以初中学生生活为基础、以引导和促进初中学生思想品德发展为目的的综合性课程"。课程特性有思想性、人文性、实践性和综合性。道德与法治学科的理念之一是以初中学生逐步扩展的生活为课程的基础。教师在《遵守规则》内容的教学中，多处都是以初中学生逐步扩展的生活为基础进行设计。

在《遵守规则》教学过程中，教师创设有效教学情境，力求在设计中体现以下四个特性。

1. 思想性。

教师在设计导入环节时，根据当前银川市全市人民举全力创建文明城市，教师所在的学校争创文明校园的生活现实，拍摄了在商场、医院、银行、十字路口、学校内外的银川市民和北塔中学师生守秩序、守规则的照片，制作成电子相册作为导课视频，创设这种教学情境，将遵守规则、敬畏规则、维护规则的责任意识教育融入其中。教师从学校到社会各个方面的素材正是中学生逐步扩展的生活素材，渗透政治认同、共同参与和法治意识核心素养的培养。

2. 人文性。

用学生喜闻乐见的生活资源创设教学情境。如："自习课风波"是学生在学校生活中最常见的，也是最令老师头疼的不遵守规则的现象；上下学路上闯红灯，并排骑行，自行车跟着机动车辆左转弯信号灯行驶等这些不遵守交通规则的现象是教师长期观察发现的生活问题。用这些生活化的教学资源创设活动，进行重点知识的突破，教育学生，能够深入学生的心灵，引起学生的注意，能够使学生深刻反思自己的言行，进而达到敬畏规则，改正以上不良行为的教育目的，渗透道德修养、健全人格、法治观念、责任意识核心素养的培养。

3. 实践性。

引导学生自主参与实践活动。如：在设计不同的人在规则面前有不同的行为，有的人能够自觉遵守规则并自觉维护规则，有的人违反规则时，为了能体现这一现实，教师组织"北塔中学交通安全小卫士"栏目组的小记者展开采访，活动全程由学生参与拍摄，包括路口采访学生也是随机抽取，之后运用信息技术制作视频，创设不同的人面对规则有不同的行为这一教学情境；在理解规则并不是一成不变的，随着社会的发展和社会生活的变迁，有的规则需要废除，有的需要改进和完善，还有的需要制定时，教师布置学生课前参与调查，搜集资料，制作汇报材料，在课堂上交流展示，充分渗透对学生责任意识、健全人格核心素养的培养。

4. 综合性。

在《遵守规则》的课堂教学中，教师在设计和课堂中，将道德、心理和法律进行了有机融合。比如，在分析违反规则产生的原因时，引导学生从情境报道中剖析"从众心理""侥幸心理"，以及引导学生从道德角度和法律角度分析危害等，分析过程循序渐进、由浅入深，深度挖掘情境材料，渗透对学生健全人格、道德修养、法治观念核心素养的培养。

（二）构建课堂有效展示活动，为学科核心素养的培养搭建平台

学科核心素养的培养不光是停留在设计层面，道德与法治课堂为学生学科核心素养的培养充分搭建了平台。课堂，更是学生展示自己综合素养的大舞台。如教师在《遵守规则》中"改进规则"这一课堂展示活动环节，大胆地给学生提供了展示自己的平台，让学生充分释放自己的潜能，在课堂展示中培养了学生责任意识和法治观念核心素养。又如学生试着改进规则内容的课堂活动，课前布置了预习作业，要求学生对家庭、班级、学校、社会及国家等不同层面的规则进行充分的资料搜集或走访调查（家长可以协同帮助学生搜集和选取资料），选取其中自己最熟悉的一方面进行整理，用自己最喜欢的方式制作汇报材料在课堂上展示。学生进行了大量的查阅及调查，有的同学以思维导图的形式呈现，有的学生以表格的方式呈现，还有的学生能够制作 PPT。在展示的过程中有的同学理性客观；有的同学逻辑性超强，分析头头是道；有的学生语言富有魅力，还带有情感；还有的学生知识丰富，能谈古论今。学生课堂上的精彩展示成为了亮点，整个课堂展示活动不仅体现了学生在生活中发现问题、分析问题、解决问题的过程，而且是学生核心素养综合培养和表现的大舞台。

总之，作为道德与法治课的老师，在教学设计的过程中，要依据课程标准，依据学生的学情将学科核心素养的培养渗透其中。同时，在课堂教学过程中，还要不断关注学生的认知，关注学生的内在潜能，注重学生在课堂中的生成，尊重学生的个体差异，为每一个孩子的终身发展和社会发展培养所需要的必备品格和关键能力。

（三）本节课存在的不足

1. 由于课的容量相对较大，老师为了课堂的完整性抢时间。因此，在学生展示的环节中怕时间不够，只让三位学生展示了自己的成果，这不仅是老师的遗憾，更是更多学生的遗憾，没有能将很多学生精彩的成果借助这个平台展示出来。所以，老师决定再为学生专门开设一节展示课，让大家能充分展示自己辛勤付出取得的成果。

2. 今后要更进一步学习课程理念，对学生、教材做更好的挖掘，做到争取让道德与法治这门课更贴近学生、贴近生活、贴近实际，真正做到立德树人。

（注：该课例在2021年4月银川市"互联网＋"背景下初中道德与法治、高中思想政治优质课评选活动中获一等奖。）

《回望成长》教学课例

［教材分析］

本课内容是教育部统编道德与法治教材九年级下册的第三单元第七课第一框，共分为两目内容。

第一目：收获的季节。这是本课的重点内容，也是本课的难点。主要引导学生对显性的、具体的收获进行梳理，进而对成长历程进行理性思考，使学生明白收获不仅仅是具体的成绩单等，更是自己能够不断克服困难、战胜挫折、突破和超越自己的经历；明白遗憾也是一种收获，遗憾正是取得成功的开始。

第二目：结束与开始。九年级学生毕业面临着一些新的可能、新的机会，这就需要学生学会分析，能够根据自己的兴趣、爱好和特长，以及国家、社会发展的需要，做出合理的选择。同时，进一步看到自己过去的努力和付出、自我的发展和完善使今天的选择有了更坚实的基础，认识到今天的加倍努力将有利于明天做出更好的选择。不论做出什么选择，都需要承担不同的责任，都需要脚踏实地走向远方的目标。

[学情分析]

本课教学内容的基本逻辑是立足当下，回望过去，展望未来。教材暗含了过去、现在、未来的逻辑线索，引导学生思考传统与现代、当下与未来的关系，初步学会用历史、发展的眼光看问题。

随着年龄的增长和阅历的丰富，九年级学生具备一定的理性思维能力，对自我、社会和世界的认识，也逐步从感性走向理性，从表象深入本质。但是，九年级学生毕竟心智还不成熟，视域有限，在学习行为上，有时会更多关注对知识内容的掌握，而忽视能力素养的发展。因此，本节课需要教师引导学生学会反思自己，发现自己的长处，挖掘自己的潜能，为未来成长、实现自我超越做好准备；需要教师正确引导学生确立科学的个人发展观，学会辩证分析个人的成长，培养自立自信、自尊自强的意志品质，引导学生了解社会发展的趋势，学会分析社会发展对人才的要求，根据自己的实际情况和国家、社会的发展需要，科学规划自己的人生，正确面对、分析各种可能，做出合理的选择。

[教学目标]

1. 感受初中生活的收获和美好，体味初中生活中的遗憾和价值。

2. 知道反思个人成长的维度与方式，理解个人成长的关键是挑战自己和超越自己。

3. 能辩证地看待过程与结果的关系。

4. 学会畅想、规划未来，懂得如何做出选择，有意识地为未来的发展做好准备。

［教学重点及难点］

正确认识初中三年的个人成长，理解个人成长从根本上是战胜自己和超越自己。

突破方法：把学生生活融入课程教学过程，课前调查本班学生初中三年的收获和遗憾，针对学生反馈的共性遗憾进行归纳整理，设置为三个议题，改编成课堂中探讨的案例情景，分小组对议题研学，互动交流同学存在遗憾、彷徨和焦虑的原因，提出化解学生内心遗憾的方法策略，解决学生面临的困惑和焦虑。利用并创设丰富的教育情境，引导和帮助学生通过亲历与感悟，主动探索社会现实和自我成长中的问题，在合作与分享中获得情感体验，深化思想认识，引导学生学以致用，知行合一。（渗透了对学生健全人格、责任意识核心素养的培养。）

［教学方法］

专题式教学、小组研学互动式教学、情景案例式教学、体验式教学、探究式教学。

［教学过程］

（一）导入新课

教师出示照片：进入初中第一周学生军训的照片和即将毕业初三中考百日誓师大会的照片。

教师：首先让我们来回忆一下这两张照片，我们请一位同学来介绍一下照片的由来。

出示问题：请回忆这两幅照片，表达你此时此刻的心情。

生1：第一张照片是我们七年级刚来北塔中学军训的照片，面对新的初中生活、新的老师和新的同学，我们面带青涩，但是嘹亮的口号声表达着我们对新生活的憧憬；第二张照片是我们中考前百日誓师的照片，我们震天的口号声表达着对自己未来的憧憬。

教师追问：看到这两张照片，谈谈你此刻的心情。

生1继续回答：看到这两张照片，我觉得时间过得好快，一眨眼三年时间就要过去了，我们马上要毕业了，此刻我有点舍不得老师，舍不得同学。

教师导入语：是啊，从七年级的青涩到现在的逐步成熟，老师看到大家真的长大了。回望成长，我们初中三年到底收获了什么？又将如何走向未来呢？本节课就让我们学习九年级下册第三单元第七课第一框的内容：《回望成长》（第81页）（板书课题，学生打开课本。）

设计意图：选用七年级和九年级的照片对比，直观反映出孩子们长大了，通过时间差的对比，让孩子们意识到三年时光即将结束，情感激发，打动学生的真实情感，做好本节课的情感铺垫。

（二）新课学习

活动展示：成长收获。

教师引导语：初中三年，我们收获了什么？有请张同学和祝同学带着大家回望一下我们成长的点点滴滴。

出示问题：回望初中三年，我们都有哪些收获呢？

生1展示：大家好！我是张同学，我分享的主题是三年来的收获。2018年，我如愿以偿成为了银川二中北塔中学的一名学子，结识了我们一班这群优秀可爱的少年，军训开启了我的初中生活，我们喊出震天动地的口号，那是我们昂扬向上的号角。（幻灯片一）

我们拥有着班主任王老师（图一右一）及所有科任老师高质量的爱与教育教学，收获了知识。一张张奖状，都凝聚着老师们辛勤的付出，我们默默

地努力，收获点点滴滴。我确信：成功无捷径，年少当奋斗！（幻灯片二）

图一是学校运动会开幕式，我们班用最统一合力的舞蹈，展现着我们的班级精神：团结、自信、向上；图二是在假期，我们一同走进养老中心，用爱心温暖孤寂的老人；图三是考试前，我们用宣誓呐喊着我们心底坚守的诚信。（幻灯片三）

我们最开心的是，与老师、同学们一起过节、聚会和登山，有种回到童年无忧无虑的感觉。可能许多时候，我们这个年龄被认为有叛逆，不爱与老师沟通，自我主张尽显等，而我要说的是：其实，我们是正在用力"长大"的孩子，特别需要您们爱与鼓励的包围。（幻灯片四）

开学第一天，班主任就教导我们要做有担当、有爱心的人。我是一个非常节俭的孩子，这几年我把自己积攒的压岁钱和零花钱定时捐赠给了山区的留守儿童们。我想这230笔爱心捐赠，能为山区的孩子们增添生活的温暖，带去爱的光芒，照亮他们前行的道路。加油吧，少年！（幻灯片五）

教师纠正学生展示时出现的"您们"应是"你们"。

生2展示：大家好！我是祝同学，我为大家展示三年来的收获。在校园足球比赛中，我们班夺得了年级第一，全班同学的欢呼声足以掀翻体育馆。（幻灯片一）

这场合唱比赛，"老王"请了专业老师为我们指导，家长也为我们努力做后勤工作。虽然辛苦的排练使我们很累，但每个人都唱得很投入，我们夺得冠军，也收获了家校共育的快乐。（幻灯片二）

初三秋季趣味运动会中，"旱地龙舟比赛"项目，由于队员体力不支，我们的比赛成绩并不理想，但是大家并没有抱怨。接下来的比赛中，我们每个人奋力拼搏，为班级争光。（幻灯片三）

印象最深的是2020年疫情，我们第一次待在家里线上学习功课，我们学会自律，懂得责任和担当。每周一早晨，我们线上升国旗，不一样的升旗方

式同样表达着我们炽热的爱国情。（幻灯片四）

班会课，我们学习榜样，我们反思自己，修炼自己的道德操守；道德与法治课，我们坚定中国自信，提高法治意识；我们关注到以美国为首的西方国家对我国发展的打压以及无理挑衅，我们树立强烈的忧患意识，同伟大的祖国同呼吸、共命运，与这个世界彼此互动。（幻灯片五）

三年前，我们为九年级的学哥学姐中考加油助威，三年后，我们在为自己的中考加油鼓劲，我们定会不负众望，在中考中和学哥学姐一样，以优异的成绩回报学校，回报老师和父母。（幻灯片六）

教师：感谢两位同学带着大家回望了我们成长的点点滴滴。让我们来总结一下我们到底有哪些收获？

生1：我们收获了团结、凝聚力。

生2：我觉得三年中我们收获了知识。

生3：在道德与法治课上，我们还收获了法律知识，提高了我们的法律意识，我们不再是认为法律跟我们没有关系的少年了。

生4：三年中，与同学交往的过程中，我学会了与人交往的方法和技巧，收获了很多朋友。

生5：三年来，我的视野越来越宽广。

生6：这三年中，在参与班级建设的过程中我们还收获了责任心。

生7：作为班干部，我收获了班级管理的技巧和与同学相处的方法。

生8：我还学会了怎么从失败中走出来。

教师小结：看来大家三年中收获丰厚。（板书：收获丰厚）

教师过渡：同学们，辛勤挥洒的汗水换来了累累硕果。但成长的路上有收获就难免会有遗憾，也有迷茫。课前老师在咱们班做了调查，我们看一下调查结果：其中34.4%的同学存在八年级生物、地理中考遗憾，24%的同学存在人际交往遗憾，还有20%的同学存在周四究竟去上学校培优班还是特长班的迷茫，另外其他遗憾和迷茫占比较小。接下来我们重点探讨"中考遗憾""交往遗憾"及"存在的迷茫"这三个议题。首先让我们听听同学们的心声。（播放录音：主要目的是保护学生的隐私，解决有同学看不清黑板的问题。）

录音播放"中考遗憾"：因为我一直觉得地理、生物学科是副科，平时的学习也不太重视，上课也没有认真听讲，实验课也不好好练习。八年级中考之前才意识到问题很严重。于是我开始临时抱佛脚，虽然到处找资料，每天刷题至深夜，但是最终的考试成绩还是不太理想，看着平时上课认真踏实的同学在生物、地理笔试和实验中考中取得好成绩时，我的悔意更加浓烈。

录音播放"交往遗憾"：我遗憾的是三年中我并没有交到几个知心朋友，每当看到同学们课间和自己的好朋友开心玩耍，亲密分享好吃的食物时，看到有同学成绩不理想朋友为他开导，给予鼓励时，我内心很羡慕。还有遗憾的是，因为妈妈时常唠叨我的学习，不让我玩手机，会对妈妈大发雷霆，说一些令她伤心的话，但从来没有对她说声对不起，我觉得很后悔。

录音播放"我的迷茫"：我从六岁起就学习了自己喜欢的钢琴，小学时曾多次获奖。但是进入初中后，功课繁忙，练琴的时间也越来越少，为了不影响我的学习成绩，我放弃乐器的学习。而我现在的成绩正处于升学的临界分数，我真担心自己考不上高中。开学初，我们学校每周四下午两节课后会为有特长但文化课成绩弱一点的孩子开设特长班训练课，但同时也安排培优课，我到底是去上特长课呢还是上培优课呢？我特别纠结和迷茫。

活动体味：成长遗憾

教师：接下来就让我们分小组来探究这三个议题。

讨论任务：1，2，3组分析和弥补"中考遗憾"；4，5，6组分析和弥补"交往遗憾"；7，8，9组分析和解决"我的迷茫"。

讨论要求：6人小组，小组长负责观点记录，每个小组推选代表回答问题，组内及组间补充。

教师：现在开始讨论。

学生活动：开始按要求讨论问题。

（讨论问题课前已下发给同学们）

"中考遗憾"问题：

1. 在八年级的生物、地理中考中，"我"为什么会留有遗憾？

2. 面对九年级的中考，你打算怎么做？

"交往遗憾"问题：

1. 帮"我"支招解决：怎样才能弥补没有交到好朋友的遗憾？

2. 面对与妈妈发生矛盾后留下的遗憾，你打算怎么弥补？

"我的迷茫"问题：

请大家帮"我"想想办法：怎么才能走出迷茫与纠结的困境？

（讨论结束）

教师：好，讨论结束。现在我们回到自己的座位上，来看看大家的讨论结果。第一组同学，谁先来回答第一个问题。

生1回答第一个问题：在八年级生物、地理中考中，"我"为什么会留有遗憾？我觉得是因为从态度上不重视生物、地理学科，认为副科不重要，在课堂上不认真听讲，实验操作也不好好练习。最后临考时，才意识到了问题的严重性，"临时抱佛脚"，但没有取得好成绩，所以会留有遗憾。还有平时上课认真的同学，他们取得好成绩是因为他们平时上课认真听讲，他们的好成绩回报了平时的付出，所以没有留下遗憾。

教师评价：对比分析了留有遗憾的原因。

教师追问：这给你什么启示呢？

生2：过去的遗憾就让它过去吧，我们不能沉浸在过去的遗憾中，我们要把遗憾化成动力，同时我们也要认识到其实我们开设的每一门学科，包括信息技术、体育锻炼及实验操作等对我们的成长都很重要，接下来我们要跟随老师的脚步，认真学习，不给自己的中考留有遗憾。

教师补充：也包括我们午读的时候英语口语的练习，这个也非常重要。

教师继续追问：面对九年级的中考，你打算怎么做呢？

生3：在接下来的时间里，我们面对八年级留下的生物、地理的中考遗憾，要及时反思，总结教训，发掘自己的长处，明确自己目前的优势学科，挖掘自己的潜能，继续保持或者提升自己优势学科的成绩；也要正确认识自己的短板学科，找出问题，向同学和科任老师总结适合自己的学习方法，把自己的短板学科补上去。

教师追问：来说说你的情况。

生4：就拿我自己来说，其他学科还好，语文很不理想，我要跟班里语文学得好的同学多交流，也要跟老师多交流，发现自己的问题。

老师建议：在我们这次模拟考试结束后，请你主动找语文老师分析你的问题，因为学科老师更加清楚你存在的问题，给你的建议会更加合理、科学。

教师过渡：世上没有白走的路，成长中的遗憾也是一种收获，及时反思成长中的遗憾，吸取遗憾带给我们的教训，这本身就是一种成长。

教师：接着让我们来看第二个问题，请第二组的同学代表回答。

生1：他应该主动帮助同学，积极参加集体活动，改变自己，打动同学。

生2：他交不到好朋友可能跟他自身的原因有关系，比如性格内向或者自我封闭等。我建议他应该主动接触他人，关心他人，帮助他人。陪伴是打开心灵的钥匙，用这把钥匙打开他人的心灵，我想在所剩的七十多天里，还是可以交到好朋友，帮助他的成长。

教师强调：是的，益友可以帮助我们更好地成长。

生3：我认为没有交到朋友可能是他认为学习和交友有冲突。但我觉得这种想法还是存在误区的,因为交到益友并不影响学习成绩,朋友之间取长补短、相互帮助、相互鼓励反而更能促进相互间的学习,也有利于健康生活。

教师引导:列举一下你跟你的朋友之间的例子好吗?

生3举例:比如我跟张玥,她的英语弱一点,我帮她辅导,而我的物理、化学弱一点,她帮我解答问题。

教师总结过渡:是啊,朋友有时候就像一盏灯,可以照亮我们前行的路。那面对与妈妈发生矛盾留下的遗憾,你打算怎么弥补呢?

生1:我觉得跟妈妈发生矛盾就应该及时化解,而不是一直处于冷战状态。如果不好意思说"对不起",我建议写封信给妈妈。还有,妈妈对我们唠叨是因为妈妈爱我们,也是妈妈对我们负责任的一种表现。我们应该学会换位思考,多去关注父母情绪的变化,多去关注他们的内心,用我们的爱去温暖他们疲倦的心。我觉得爱是相互的。

教师评价:孩子,你的换位思考是一种了不起的成长,你的换位思考也可以促进我们的家长去换位思考。如果人人都能这样做,那么我们家庭中的亲子矛盾会少很多,我们的家庭也就会更加和谐。

教师问:还有补充吗?

生1:我觉得从思想方面,我们首先要对妈妈有感恩之心,而且要明白妈妈为什么要这样做。因为要中考了,我们应该把自己放在自觉的状态上,做到自律。同时也可以从行动上去弥补自己的遗憾,比如多做家务等,承担起相应的家庭责任。

教师评价总结:很客观地分析了发生矛盾的原因,并且给出了合理的建议。作为一位妈妈,我想说的是:无论我们与家长之间发生什么矛盾,作为父母,他们都不会怪你们的。

教师提问:请第三组的同学回答你们的问题。

生1:他的迷茫是在特长钢琴学习和文化课学习之间不知如何选择,这是一个二选一的选择题。首先我们知道中考看的是中考成绩，所以我建议选择培优班，如果几次的模拟考试成绩都不见起色的话，可以去选择特长班。

教师：还有其他意见吗？

生2：我觉得他应该选择特长班，因为他从6岁就开始学习钢琴，而且他十分喜欢钢琴，取得了那么多奖项，说明他的钢琴水平也很高，与其学业和特长"雨露均沾"，还不如选择把重点放在特长上，让特长"登峰造极"。

教师评价：两位同学一个建议主抓文化课，一个建议选择特长课，还有不同建议吗？

生3：针对他的迷茫，我想说，即使他考不了高中，他6年的钢琴也没有白学；而且，在未来，他可以在音乐方面找到一份工作，因为是热爱的，所以他会尽可能发挥自己的潜能，也可以发光发热。

教师评价：结果很重要，但过程同样精彩，老师非常认同这一观点。

教师板书：结果重要，过程精彩。

教师过渡：接下来让我们听听陪伴我们成长三年的班主任，面对大家成长中的遗憾和迷茫，听听他是怎么说的。

视频播放班主任老师的寄语：同学们！站在交会点上，遗憾已成为过去，跌倒了，爬起来就是胜利。不要彷徨，不要迷茫，父母和老师一直在你们身边陪伴。我们要做的是把握好当下，珍惜仅剩的两个月，踏踏实实走好每一步，收获每一天。我们一定会给自己的初中生活画一个圆满的句号。愿你们眼眸有星辰，心中有山海，以梦为马，不负韶华，加油！

设计意图：调查整理本班学生存在的三大主要遗憾，分组合作交流，借助同学们的智慧和老师的方法解决学生迫切需要解决的问题，给予迷茫学生心理疏导和方法指点，解决现实问题，突破了本课的教学难点，也体现出本节课的课堂价值。班主任的视频给学生鼓劲加油，化解遗憾，进行情感教育，实现课堂的育人价值。渗透健全人格和政治认同核心素养的教育。

教师过渡：同学们！九年级，我们站在人生的交会点上，这就需要我们做一个关键性的选择。那么，我们如何选择正确的道路呢？让我们看看2018届北塔中学的两位毕业生当时是怎么选择的，希望他们选择的方法能够给你们参考和帮助。

选择：人生道路。

播放2018届北塔中学毕业生1（现银川二中高三学生）和毕业生2（现宁夏工商职业学院学生）的视频。

毕业生1视频内容：

各位学弟学妹们好！我是2018届北塔中学的毕业生。中考前我曾纠结于报考银川一中还是二中。北塔的老师推荐我上二中，我当时个人也倾向于二中，因为我了解到二中能为同学们提供一个良好的学习氛围，也有许多社团和校方组织的活动来丰富学生们的课余生活。北塔很多同学都在二中，因此，进入二中后我可以很快适应高中生活。再加上北塔中学就是二中教育集团的一部分，我特别感恩北塔中学老师初中三年在我成长中的指引，我相信二中是最适合我的。但我父亲更倾向于一中，认为一中能提供给我更多机会。我与父亲对此有过争执，但最后父亲决定由我来选择自己的学校。在此，我要感谢我的老师帮助我做出决定，也感谢我的父母将选择权信任地交给了我，让我在高中度过了充实美好的三年。

这三年中我努力学习科学文化知识，提高完善自己，不仅是为了我自己充满无限可能的未来，也为了我们的社会、我们的民族、我们的国家。离高考只有六十多天，我将继续努力，向更广阔的世界进发。也祝愿即将中考的你们勇敢前行，答出一份无悔的答卷。人生的道路有很多条，但一定要对最美好的那条道路满怀希望。相信自己，加油！（视频结束）

毕业生2视频内容：

学弟学妹们好！我是2018届北塔中学的毕业生。中考结束，很遗憾，我的成绩不够普通高中的录取分数线，但可以在职业技术学院就读。我面临着关键性的选择，一开始我中意于银川职业技术学院，进入校园感觉很不错，招生办的老师也很耐心地介绍专业，原本打算定下来，但是我爸觉得还可以多对比几家院校，就把我带到了宁夏工商职业技术学院，其实我更想上银川职业技术学院。我们父子争辩了很久。后来了解到工商学院有大专和专升本，我查阅资料，询问身边的朋友，了解到工商学院是首批百所国家骨干高职院校，其中我想学的专业"应用化工技术"是中央财政支持、国家骨干高职院校重点建设专业，而且工商中专有五年制，更适合我。就读期间，我还可以选择参军，退伍后再回到宁夏工商职业技术学院继续就读。对于这样理性的选择我要感谢我的父亲，也庆幸当时在选择时没有一意孤行，做出了正确的选择。

现在的我，很珍惜我的职高学习生涯，我认真学习我的专业，决定把初中失去的遗憾补回来，同时在假期，我找了兼职锻炼自己。我相信，脚踏实地走好自己选择的路，也可以发光发热，实现自己的人生价值。

学弟学妹们，离中考还有七十来天，我希望大家在所剩的日子咬紧牙关，奋力拼搏，争取考上高中，万一你拼尽全力依然上不了高中录取线，我们也可以有其他选择，相信自己，加油！（视频结束）

教师提问：视频中，这两位同学在中考之后，他们做出了怎样的选择？他们如何评价自己当初的选择？

生1：中考之后，第一位同学在选择二中和一中时很纠结。她的父亲建议她去上一中，但她自己的真实需要是想要去上二中，她认为二中有更多的朋友，能更好地适应新的生活，也可以提高和丰富自己。最后她的父亲把选择权交给她自己，她选择去了二中。在三年的高中生活学习中，她收获了自己所需要的，有了很完美的高中生活。第二位同学因为中考之后分数不够普通高中录取线，所以选择了去职业技术学院。刚开始他要选择去银川职业技术学院，但是他的父亲建议他多对比几家院校，后来他又通过查阅资料、朋友介绍等途径，知道了宁夏工商职业技术学院有五年制专升本，也有就读期间选择参军，退伍之后继续就读等政策，所以他认为宁夏工商职业技术学院更适合他，最后选择了宁夏工商职业技术学院。这两位同学都认为自己的选择是正确的，他们不后悔自己的选择。

选择方法：弄清自己的真实需要、多方面收集信息和掌握选择的策略。（板书选择方法）

教师追问：视频中，职业学校的这名同学利用节假日在做兼职，你怎么看他的这一选择呢？

生1：我觉得学长选择做兼职这件事，一是增加了他的社会阅历，以便他今后更快速、更方便地融入社会；二是锻炼和磨炼了他的意志，让他能够坚持做事；三是在做兼职的过程中，让他能够体会到劳动带来的成就感和快乐，也能让他在以后的工作中对劳动工作者一视同仁。

教师评价过渡：是啊，劳动可以创造幸福生活。接下来请同学们结合以上两位同学的选择方法和教材第85页的"方法与技能"初步做出自己的选择规划。

学生活动：课堂上书写自己的初步选择规划并交流。

活动结束，交流分享

生2交流：我的情况跟视频1中的学姐是很相似的。通过这几次的摸底考试，我的成绩既可以上一中，也可以上二中，但是在选择一二中上，我也有纠结。我的父亲建议我选择一中，而我想选择二中，因为我在二中上过培优，而我现在二中教育集团的北塔中学就读。因此，我在二中教育集团学习到了很多的文化知识和做人做事的道理。我还很向往二中的人文环境，二中在课余有很多的社团活动，可以在紧张的学习中获得放松，可以更轻松地学习。还有，我的朋友大多会进入二中，这会让我更快地适应新的高中生活，所以我觉得二中能给我更多的发展机会，让我在人生的道路上走得更远。

教师评价：其实这位同学对自己的选择是很清晰的，但是在选择方面没有和父亲达成一致，老师建议你接下来要做的是好好跟父亲交流沟通，达成一致，选择适合你的高中，不要给自己的选择留有遗憾，好吗？

教师追问：还有谁来交流呢？

生3交流：我选择上体育专业，我打算以特长生的身份进入高中。我要为当一名运动员的目标去努力，这是我自己喜欢的事情。我从小学三年级就练习篮球、跑步。经过我这么多年的不断努力，我已经掌握了体育项目的技巧，而且我也具备了比赛的能力。我用无数汗水换来了满意的成绩——小学五年级400米取得第三名，六年级挑战自我跑了1500米，当时成绩排到了第八名；七年级参加了北塔中学校级足球联赛，和班里的同学齐心协力为班级夺得了第一名；2020年6月，取得了15公里青年组马拉松的冠军；2020年9月，取得了全国青年田径联赛200米冠军，并且在2021年1月26日拿到了国家二级运动员的证书。我相信我的汗水不会白流，我会更加努力，争取实现我的理想，而且在日常生活中我也要把这种不怕苦不怕累的体育精神发扬下去，遇到学习上的困难也能勇于克服，争取超越自己。我想三年后大家一定会看到一个不一样的我。

教师评价：其实老师要说的是，你的汗水没有白流，老师听到了在你付出的过程中你收获了很多。那老师要建议你关注一下最近各个高中招收体育特长生的信息，多方面去关注这些信息。

教师：还有谁来交流？

生4交流：我会选择一中。因为我的父亲曾在一中就读。他告诉我一中的竞争力和压力很大，我认为这对我来说是一种磨炼，会让我有更坚强的性格，取得更好的成绩。我会在最后的70多天时间里努力为自己的梦想而拼搏，争取成为更好的自己，为初中生活画上一个完美的句号。

教师评价：你是一个喜欢挑战自我的孩子。对于自己初步的选择写得很简练，但是很清楚地表达了自己的想法。希望你在所剩的时间里努力加油，实现自己的第一个小目标。

教师追问：还有谁分享？

生5交流：初中生活马上就结束了，我们面临着人生第一次重大选择。

我现在的成绩可能还离中考线有一点距离，我正在加强基础，最后阶段每门学科的老师都在指导我的学习方法，我觉得经过这一段时间的冲刺，我的成绩会有所提高，我期待最后中考成绩能给我惊喜。

但如果没有考上高中，我也会像视频中的学长一样选择职业学校，在全面建设社会主义现代化国家过程中也需要职业技术和技能人才。我个人的力量是微小的，但如果更多的人都能学习一门技术，成为技能人才或者能工巧匠，那么我们国家会越来越强大。

我会选择自己喜欢的专业学习，也会在假期里和学长一样选择做兼职锻炼自己，在体验劳动中磨炼我的意志品质。我相信，我的努力可以让我实现自己的人生价值。

教师评价：这位同学对自己的学习做了一个客观的分析。4月13日，习近平总书记对职业教育作出了重要指示，在全面建设社会主义现代化国家的新进程中，职业教育前途广阔，大有可为。老师很开心能听到你这样的想法，如果你真的选择了职业学校，老师建议你选择一个适合自己的专业，在学习专业的过程中发扬不怕苦不怕累的精神，刻苦钻研，老师相信你可以成为一名高素质的具有专业技能的人才，成为你心中的能工巧匠。

教师小结学生分享活动：同学们，由于时间关系，我们只能分享到这里了，下去之后大家相互交流交流，希望大家借他人智慧，为自己做出合理的初步规划。

教师总结：其实在刚才的交流中，大家看到每位同学初步选择了自己的人生道路。习近平总书记在《路就在脚下》一文中指出：人生道路千万条，各行各业都能成长。只要矢志追求，努力拼搏，照样可以实现人生抱负和目标。

设计意图：以学长、学姐做出正确的选择为榜样指导，让学生能够结合自己的兴趣爱好和目前的学习状况，以及国家和社会的需要，做出正确的选择和规划。在参与书写规划的活动过程中，增强学生对未来的思考，强化学生的责任意识，健全人格核心素养教育。

（三）小结

教师总结：同学们，在最后的这一段时间里，我们要根据自己目前的学习成绩和兴趣爱好，以及国家和社会发展的需要，理性分析，明确选择。（板书）但是"空谈误国，实干兴邦"（出示图片），选择之后，需要我们踏踏实实地干，需要我们担负各自的责任和使命，努力奋斗，不懈坚持（板书），实现自己的人生价值。

同学们，初中生活是一本值得珍藏一生的纪念册。"不奋斗，无青春"（出示图片），让我们从青春出发，向梦想进发！做一个最棒的自己，好吗？

学生全体回答：好！

（课堂结束）

[板书设计]

收获丰厚　客观理性
也有遗憾　明确选择
结果重要　努力奋斗
过程精彩　不懈坚持

[教学反思]

本节课是初中道德与法治教材中的最后一课。本课把学生初中三年学习和生活中的温馨回忆和初中即将毕业该如何进行重要的人生选择有机地结合起来，通过问卷、照片、视频、采访、规划等一系列活动贯穿教学过程，以感恩教育、责任教育、劳动教育、职业教育为主线，让教学变得有效、有深度、有温度。

本节课上课前，教师准确地把握课程的育人性质，理解教材的编写意图，吃透教材的主栏目，在遵循教材的基础上跳出教材、高于教材，对教材进行了创造性的再开发和利用。教师与学生进行了深入的互动和交流，正确分析学习内容的学科本质、政治性和学理性、价值性和知识性及获得方式，正确分析完成学习任务所需的情感态度价值观、能力、知识、经验现状。就初中三年学生学习和生活中的收获及存在的遗憾进行了深入的了解和调查，并对调查结果进行了科学、全面的分析，将学生比较集中的遗憾和成长中还存在的困惑进行提炼，以此确定学习目标，开发利用丰富的教学资源，创设与之相适应的教学情境，确定学生学习过程和学习方式并展开教学。由于能准确把握学情，使得整个教学的针对性、实效性强。

本节课教师综合运用了多种教学方式，为学生多样化的学习搭建平台。

其中的体验式、情境式、探究式、案例式、互动式是最主要的教与学的方式。教师通过一组照片，为学生创设温馨回忆的氛围，让学生回忆三年来学校生活的点滴，谈自己的感受。在回忆的过程中，学生谈到了掌握知识、参加各类实践活动、修炼道德操守、提升法治意识、扩展视野的过程，表现出了对初中短暂、丰富、生动而美好生活的留恋，对朝夕相处的老师和同学们的不舍。珍贵的回忆、真情的激发、真实的感动，突出了感恩教育。然后教师从学生的成长问题入手，针对学生集中存在的"八年级生物、地理的中考遗憾""交友遗憾"和"初中生活最后这一阶段的迷茫"设置三个议题，让学生在互动交流中去探讨如何应对，生成解决矛盾和困惑的策略，理解并内化了付出必有收获，结果固然重要、过程同样精彩等核心知识和价值观。由于解决的问题贴近自己、贴近生活、贴近实际，与自己成长密切相关。因此，在课堂探究活动过程中，学生主动参与，在核心知识的获得上、技能的形成上、思想方法的感悟上、活动经验的积累上都有突出的表现，课堂生成性强，学生在学习中表现出超出当前能力的学习行为，创造性地完成学习任务，综合跨学科的知识经验运用于课堂学习中，学生潜能释放成为课堂的主要特色，学生内化成为学科核心素养的形成和发展过程。而教师画龙点睛的提升，如："孩子，你的换位思考是一种了不起的成长，你的换位思考也可以促进我们的家长去换位思考。如果人人都能这样做，那么我们的家庭中的亲子矛盾会少很多，我们的家庭也就会更加和谐。""遗憾已成为过去，跌倒了，爬起来就是胜利。不要彷徨，不要迷茫，父母和老师一直在你们身边陪伴。我们要做的是把握好当下，珍惜仅剩的两个月，踏踏实实走好每一步，收获每一天。我们一定会给自己的初中生活画一个圆满的句号，愿你们眼眸有星辰，心中有山海，以梦为马，不负韶华，加油！"等，则对学生的迷茫、彷徨、焦虑、紧张、担心等心理进行了疏导，为学生的健康成长、顺利毕业起到了很好的引领作用，体现了思政课为学生服务，为学生的发展服务，为学生树立正确的世界观、人生观、价值观服务的功能。

九年级，学生站在一个交会点上，相聚与别离、升学与工作、学校与社会、过去与未来……有许多可能，学生对该如何选择，如何找到适合自己的人生之路存在困惑和误区。针对这一教学的难点，教师以教材85—86页"方法与技能"栏目中的"学会合理选择"为依据，分别采访了一名普通高中学生和一名职业学校的学生，制作了两段视频，通过两位毕业学生的选择过程和真实的体验感悟把理性分析和慎重选择有机结合起来，让学生体验选择的方法技能，给学生以人生思考和选择指引，让学生运用教材中和现实生活中提供的方法和技能来分析学哥学姐的选择，解决自己的成长问题，最后动笔写下自己的人生规划并相互交流分享。在这个过程中，对学生渗透了良好的劳动教育、职业教育、责任教育，帮助学生系好人生的第一粒扣子，自觉践行社会主义核心价值观，培育和发展了学生的核心素养，为学生将来分析问题、解决问题提供了良好的方法示范，真正推动了思政课的改革创新，增强了思政课的思想性、理论性和针对性，让学生真学、真悟、真懂，真情、真信、真用，发挥了思政学科作为立德树人根本任务关键性课程的作用。

（注：该课例在2021年4月宁夏回族自治区"互联网+"背景下初中道德与法治、高中思想政治优质课评选活动中获一等奖。）